COMPENDIO DEL DERECHO
DE LA BIODIVERSIDAD

PEDRO BRUFAO CURIEL

COMPENDIO
DEL DERECHO
DE LA BIODIVERSIDAD

iustel

Esta obra es parte del proyecto «Plan Complementario de Biodiversidad», cofinanciado por el Ministerio de Ciencia, Innovación y Universidades y la Junta de Extremadura con el Fondo Europeo de Desarrollo Regional.

1.ª edición, 2025

Iustel
Portal Derecho, S. A.
www.iustel.com
Princesa, 29. 28008 Madrid

ISBN: 978-84-9890-513-7
Depósito legal: M-26190-2025

Preimpresión y producción:
Dagaz Gráfica, s.l.u.

Printed in Spain - Impreso en España

Índice

Introducción

La investigación en el Derecho de la Biodiversidad, es obvio decirlo, aglutina el disperso, mutante, a veces poco concreto y sistemático, conjunto de principios, normas y reglas jurídicas cuyo objeto sea la flora, la fauna y los más variados ecosistemas del planeta. No existe un criterio único, dado que podemos encontrar ordenamientos muy generales y laxos y otros más que puntillosos hasta la extenuación, cuya redacción nos remite una y otra vez a anexos interminables en los que se pueda hallar la especie, población o hábitat que en un lugar y tiempo concreto pueda ser objeto de tal o cual norma. Esta es la situación con la que se topa cualquier interesado en estudiar la respuesta jurídica que se le pueda plantear. Por esta razón nace esta guía o sucinto epítome para que pueda servirse como punto de referencia y análisis por el que pueda recorrerse incluso un largo trecho para hacerse una idea cabal de qué se tiene entre manos.

La respuesta o el punto de vista estrictamente jurídico no basta, pues, como puede comprenderse fácilmente, ya que hablamos de hechos científicos, de cuestiones y dudas científicas, de método científico, frente a las más diversas e incluso disparatadas interpretaciones que pueden darse de un determinado caso. El Derecho de la Biodiversidad es sin duda uno de los campos donde la ignorancia o el falseamiento de los hechos científicos afecta gravemente a la seguridad jurídica, a la actuación objetiva de los poderes públicos, y, en definitiva, al Estado de Derecho. La prueba científica, entonces, deviene en una de las piezas elementales de la protección de la biodiversidad.

La experiencia diaria muestra que, en relación con la biodiversidad, se esgrime el todo vale para evitar la aplicación de la Ley, para eludir la ejecución de sentencias y vulnerar el derecho fundamental a la tutela judicial efectiva o la separación de poderes, por poner unos ejemplos. A su vez, al defender la vida, pues de eso se trata, las medidas cautelares o no llegan o llegan demasiado tarde, pieza clave de todo Estado de Derecho que se aprecie de serlo. Podemos perdernos en un auténtico laberinto de normas e interpretaciones judiciales si, al fin y a la postre, el Derecho llega tarde y mal, donde una sentencia tardana, más si no se ejecuta, convierte en un cervantino retablo de las maravillas todo el acervo jurídico que tengamos en nuestras manos.

El fin de esta obra y de la investigación que le precede es abrir camino para el estudioso y ofrecérselo de modo claro y conciso, sin abandonar el rigor expositivo. Ocurre muy a menudo que un aspecto parcial nos lleva a otros y a otro y a otro, por lo que hay que tener en mente que la fuerza de diversos elementos parciales o sectoriales puede hacer que tomemos una dirección muy diferente a la pensada inicialmente. Por ejemplo, un vertido industrial que afecte a un espacio protegido y a determinadas especies protegidas variará en su respuesta jurídica si se trata de un humedal, el litoral o un ecosistema forestal. Por esta razón, la metodología que se sigue es la de ofrecer un resumen de la protección general del Derecho de la Biodiversidad y, seguidamente, un análisis sectorial de lo más variado, siempre desde el plano internacional, comunitario europeo y nacional. De este modo, antes que haber elegido por el punto de vista de la propiedad pública o privada de determinados bienes (aguas, montes, costas) nos referimos especialmente a los diversos ecosistemas, para exponer sí de forma cabal el derecho aplicable. Se acompaña cada tema de una lista de enlaces para ampliar la información y de la bibliografía más oportuna.

COMPENDIO DEL DERECHO
DE LA BIODIVERSIDAD

1
La protección jurídica general de la biodiversidad

Siguiendo el esquema habitual de los estudios jurídicos y dada la existencia de distintos niveles normativos, en una triple escala internacional, europea y nacional, comenzaremos por exponer detalladamente las cuestiones principales del régimen jurídico de la biodiversidad en general, entendida como un todo, cuestión relativamente reciente.

En efecto, la aproximación de las legislaciones a la protección de lo que se había llamado durante generaciones la flora y la fauna, y acaso también el paisaje como elemento estético, adolecía de la necesaria visión de conjunto que pudiera dar una adecuada respuesta a la degradación generalizada de la vida en el planeta Tierra, máxime si hablamos de los mares, cuyo acceso libre en su mayor parte y la inexistencia de jurisdicciones nacionales fomenta su esquilmación. Con razón se dice que la protección de la biodiversidad no entiende de fronteras.

Por otro lado, la evolución del Derecho de la Biodiversidad se liga estrechamente a los avances científicos y a la constatación científica de un determinado hecho, los cuales limitan en grado sumo la discrecionalidad administrativa a la hora de actuar, sin que la eventual indeterminación científica de una cuestión concreta lleve a eliminar todo atisbo de objetividad, máxime si atendemos al principio ya consagrado de precaución en asuntos ambientales. Esta evolución se impregna esencialmente de fuentes e instituciones del Derecho público, esencialmente el Administrativo, aunque tampoco hay que dejar de lado las cada vez más utilizadas figuras del Derecho privado, que giran alrededor de la conocida custodia del territorio, pues es la geografía la que nos delimita en innumerables ocasiones el ámbito de actuación.

1.1. Derecho internacional de la biodiversidad

El principal tratado internacional sobre esta materia lo constituye el Convenio sobre la Diversidad Biológica (CDB) de 1992. Esta norma se caracteriza por su eminente carácter admonitivo, basado en recomendaciones más que en mandatos imperativos de obligado cumplimiento para los Estados signatarios, cuyo ejercicio de soberanía ha limitado en grado sumo su alcance, a pesar de las referencias al «interés común» que jalonan el texto de este convenio.

La CDB cuenta con tres objetivos fundamentales. Uno es la conservación de la biodiversidad, a los que hay que sumar el uso sostenible de sus elementos y el reparto justo y equitativo de los beneficios obtenidos de los recursos genéticos, teniendo en cuenta la definición dada al concepto de diversidad biológica, que se define como «la variabilidad de organismos vivos de cualquier fuente, incluidos, entre otras cosas, los ecosistemas terrestres y marinos y otros ecosistemas acuáticos y los complejos ecológicos de los que forman parte; comprende la diversidad dentro de cada especie, entre las especies y los ecosistemas» (art. 2), cuya conservación implica medidas activas con vistas a la restauración de hábitats, poblaciones y especies, sin que se limite a evitar la degradación de los recursos biológicos, entendidos éstos como «los recursos genéticos, los organismos o partes de ellos, las poblaciones o cualquier otro tipo del componente biótico de los ecosistemas de valor o utilidad real o potencial para la humanidad». Dada la amplitud de acciones a tener en cuenta, la CDB ha seleccionado los siguientes asuntos prioritarios: agricultura, tierras secas y sub-húmedas, bosques, costas y mares, islas, aguas continentales y montañas. A ello se le suma una serie de cuestiones horizontales, entre las que destacan el acceso a los recursos genéticos, el cambio climático, economía y comercio, gestión ecosistémica, investigación taxonómica, impacto ambiental, acceso a los recursos y discriminación sexual, responsabilidad por daños, especies invasoras, áreas protegidas, turismo o concienciación social.

De ellos, desde el punto de vista jurídico quizás sean más interesantes la adopción de un régimen de responsabilidad, remediación y restauración del daño causado, junto con el acceso a los recursos genéticos y las llamadas «patentes sobre la vida» que la biotecnología pretende registrar, cuestión que se regula en el Protocolo de Cartagena sobre Seguridad de la Biotecnología de 29 de enero 2000. Por otra parte, en 2010 se aprobó del Protocolo de Nagoya sobre el acceso a los recursos genéticos y el uso equitativo de los beneficios de su uso, teniendo en cuenta el consentimiento informado de las comunidades nativas afectadas.

Por lo que respecta a las medidas de conservación, destaca la indicación del efecto transversal de los planes y estrategias nacionales (art. 6), así como la adopción de medidas de conservación: *ex situ* e *in situ*, es decir, en el hábitat natural, y fuera del hábitat como la reproducción de ejemplares de especies amenazadas.

Igualmente, contamos con el Convenio de Bonn sobre la conservación de las especies migratorias de animales silvestres, de 23 de julio de 1979, tanto terrestres como marinas a nivel mundial. Su ámbito es mundial y abarca tanto las especies migratorias terrestres como las marinas que se encuentren en peligro o en un estado de conservación bajo un riesgo elevado. Hay especies que son objeto de una protección inmediata y otras que han de ser objeto de acuerdos.

En un plano regional más reducido, sobresale el Convenio de Berna sobre la conservación de la vida silvestre y el medio natural en Europa, de 19 de septiembre de 1979, auspiciado por el Consejo de Europa. Su objeto especial es la conservación de las especies en peligro y sus hábitats. El compromiso de los Estados parte se basa en la adopción de las medidas necesarias de conservación de acuerdos con criterios científicos, remitiéndose a un listado anejo de plantas y animales para los que se prohíbe su explotación y comercio. Según los distintos anexos varía el grado de protección.

Entre estos acuerdos, en los que se suele incluir la captura incidental, destacan el de las focas del Mar de Wadden, de 1990; el de pequeños cetáceos del Mar Báltico y el Mar del Norte de 1991; el de conservación de los murciélagos europeos de 1991; el relativo a la conservación de los cetáceos del Mar Negro, Mar Mediterráneo y la zona atlántica contigua de 1996; el de albatros y petreles de 2001, o el más amplio de todos, el de aves acuáticas migradoras de 1995. Uno más reciente es el acuerdo sobre la protección del gorila y sus hábitats de 2007.

Una de las mayores afecciones a la biodiversidad proviene de que es objeto de un intenso comercio. La flora y fauna silvestres que surten este comercio son la finalidad del CITES o Convenio de Washington de 1975 sobre el comercio internacional de especies amenazadas de flora y fauna, que establece una serie de listados de especies en peligro y regula tanto la prohibición como el establecimiento de ciertos límites al comercio, incluso con los países no firmantes. Dividido en una serie de apéndices, las innumerables especies que allí se acogen, dependiendo también de sus poblaciones y lugares de origen, tránsito o destino, se someten a distintos regímenes de intervención que varía en grado sumo, por lo que se aboga cada vez más por sustituir estos listados negativos por otros positivos en los que se incluyan las especies, subespecies y poblaciones con las que sí se permite su comercio, por lo que el resto estarán excluidas de todo tipo de tráfico.

Más información

Unión Internacional para la Conservación de la Naturaleza: www.iucn.org
Programa Ambiental de la ONU: www.unep.org
WWF: www.wwf.org
IUCN Academy of Environmental Law: www.iucnael.org
CITES: www.cites.org
Convenio sobre la Diversidad Biológica: www.cbd.int
Convenio de Berna: www.coe.int
Convenio de Bonn: www.cms.int
Global Invasive Species Programme: www.gisp.org

1.2. Derecho comunitario europeo de la biodiversidad

La Unión Europea se puede considerar como uno de los motores de los avances en el Derecho de la Biodiversidad a nivel mundial, cuyas normas y jurisprudencia sirven de modelo a otros países.

Una de las principales normas es la Directiva 2009/147/CE, de 30 de noviembre, de aves silvestres. Su contenido normativo se limita al territorio europeo de los Estados miembros y gira en torno al concepto científico de «especie» que viva normalmente en estado salvaje, bajo la obligación de tomarse todas las medidas necesarias para mantener o adaptar las poblaciones de todas las especies de aves silvestres en un nivel que corresponda en particular a las exigencias ecológicas, científicas y culturales, habida cuenta de ciertas exigencias económicas y recreativas.

Esta norma protege las especies en peligro y sus hábitats, para lo cual se crean las llamadas ZEPA o «zonas de especial protección para las aves» en las que se asegure la supervivencia de las especies amenazadas de extinción, las especies vulnerables a determinadas modificaciones de sus hábitats, las especies consideradas como raras porque sus poblaciones son escasas o porque su distribución local es limitada y otras especies que requieran una atención particular debido al carácter específico de su hábitat para proceder a las evaluaciones se tendrán en cuenta las tendencias y las variaciones en los niveles de población. Es decir, para la clasificación de estas zonas se han de emplear criterios estrictamente científicos objetivos, por lo que contraviene la Directiva la práctica de no declararlas o incluso permutarlas por otros terrenos para dar cabida a proyectos de infraestructuras, urbanísticos o industriales, para lo cual se emplean muy a menudo las IBA o *Important Bird Areas* de Birdlife International, dados los esfuerzos de muchos gobiernos por impedir la aplicación correcta de la Directiva de Aves, sin que las consideraciones económicas se entiendan superiores a los criterios científicos y ecológicos, pues se han de adoptar las medidas necesarias para la salvaguarda de estas especies y sus hábitats, no una mera actitud pasiva ante su puesta en peligro.

El régimen general es el de protección y la explotación de las aves y sus hábitats se entiende como excepciones que se modulan según los distintos anexos. Este régimen general de protección cuenta con una serie de excepciones recogidas en el art. 9, las cuales pueden agruparse por motivos sanitarios, de seguridad aérea, de evitación de perjuicios a otros recursos naturales como los cultivos en caso de plagas o cuando se dediquen a fines de investigación. En todo caso, las excepciones han de interpretarse restrictivamente y someterse a un régimen muy detallado de control.

El Derecho europeo de la Biodiversidad se apoya también en la Directiva 92/43/CEE, de hábitats naturales y de la flora y fauna silvestres, de 21 de mayo. Su finalidad es el garantizar la biodiversidad a través de la conservación de los hábitats naturales terrestres y marinos, manteniéndolos en un estado de conservación favorable para las especies de interés comunitario o restableciendo un nivel adecuado de protección, pero teniendo en cuenta las exigencias económicas, sociales y culturales sin descuidar las particularidades regionales y locales, nuevamente todo ello según el régimen de anexos. El «estado de conservación favorable» de una especie se convierte en la piedra de toque de su protección, situación fáctica que se somete a evaluación sexenal empleando exclusivamente criterios científicos y que se encuentra en la red de datos ambientales EIONET, especie por especie.

Esta conservación ha de ser activa pues se habla de adoptar un conjunto de medidas necesarias para mantener o restablecer los hábitats naturales y las poblaciones de especies de fauna y de flora silvestres en un estado favorable, es decir, que no amortigüe una pérdida paulatina de la calidad biológica sin más (art. 1), especialmente en los hábitats de interés comunitario que compongan la conocida como Red Natura 2000, en las que tengan parte o todo su ciclo biológico las especies de interés comunitario y, dentro de ellas, las que se les reconozca un interés prioritario de conservación en las llamadas «Zonas Especiales de Conservación» o ZEC, que a veces incluyen o se solapan con las ZEPA de la Directiva de Aves.

La técnica de conservación se basa en la planificación obligada para la gestión de las ZEC, a lo que se unen las medidas burocráticas y normativas que el Estado considere para satisfacer los requerimientos ecológicos de cada zona, como la evaluación de impacto de proyectos y programas que supongan su degradación (art. 6). En todo caso, si a pesar de las conclusiones negativas de la evaluación de las repercusiones sobre el lugar y a falta de soluciones alternativas, debiera realizarse un plan o proyecto por razones imperiosas de interés público de primer orden, incluidas razones de índole social o económica, el Estado miembro tomará cuantas medidas compensatorias sean necesarias para garantizar que la coherencia global de la Red Natura 2000 quede protegida. Este estricto régimen de evaluación de los efectos de un proyecto en la Red Natura es muy diferente de una evaluación de impacto ambiental al uso, como ha declarado la jurisprudencia europea.

Hay algunos casos en que ciertas poblaciones de la misma especie pueden encontrarse en diferentes anexos según el lugar, que es el criterio que se recoge en la Directiva de Hábitats. Asimismo, para su correcta interpretación se cuenta con los criterios elaborados por la Comisión Europea como la comunicación «Documento de orientación sobre la protección rigurosa de las especies animales de interés comunitario con arreglo a la Directiva sobre los hábitats» de 2021.

Y dado que Europa es uno de los principales lugares de destino y tránsito del tráfico de especies protegidas cuenta con normativa propia de desarrollo del CITES, como son el Reglamento (CE) 865/2006, de 4 de mayo de 2006, y el Reglamento (CE) 338/97, relativo a la protección de especies de la fauna y flora silvestres mediante el control de su comercio.

Por lo que respecta no ya a la protección, sino a recuperar lo degradado, es digno de mencionar el Reglamento (UE) 2024/1991, relativo a la restauración de la naturaleza, el cual sin duda es una de las principales bazas jurídicas para mejorar el estado de la biodiversidad.

Más información

Comisión Europea: www.biodiversity.europa.eu
BirdLife Europa: www.birdlife.org/regional/europe/index.html
European Environmental Bureau: https://eeb.org/work-areas/nature/biodiversity

1.3. Derecho español de la biodiversidad

La principal norma nacional es la Ley 42/2007, de 13 de diciembre, del Patrimonio Natural y la Biodiversidad (LPNB). Esta Ley cuenta con el carácter de ser legislación básica, es decir, que establece un mínimo de protección en todas las comunidades autónomas.

La LPNB se basa de modo directo en el art. 45 de la Constitución, que reconoce el derecho al medio ambiente, y está claramente influida por las directivas europeas sobre biodiversidad tratadas poco más arriba. Asimismo, cuenta con novedades importantes, como la custodia del territorio a partir de iniciativas de particulares y la protección de áreas marinas, las cuales se tratarán en otro capítulo de esta obra. Es una ley muy concreta y basada en criterios científicos en su mayor parte, razón por la cual incluye un amplio listado de definiciones auténticas de elementos naturales y figuras científicas (art. 3). Comprende también una clara y nítida obligación de los poderes públicos para que velen por la conservación y la utilización racional del patrimonio natural en todo el territorio nacional y en las aguas marítimas bajo soberanía o jurisdicción española, incluyendo la zona económica exclusiva y la plataforma continental, con independencia de su titularidad o régimen jurídico, teniendo en cuenta especialmente los hábitats amenazados y las especies silvestres en régimen de protección especial (art. 5).

El papel de fomento de la LPNB resalta con la función promotora de los estudios sobre el estado de la biodiversidad, para lo cual se crea el Inventario Español del Patrimonio Natural y de la Biodiversidad, el cual recogerá la distribución, abundancia, estado de conservación y la utilización, así como cualquier otra información que se considere necesaria del patrimonio natural, con especial atención a los que precisen medidas específicas de conservación o hayan sido declarados de interés comunitario. Cuenta un detallado contenido y se incluirán diversos catálogos, como los relativos a la caza y pesca, las especies invasoras, los hábitats en peligro, los espacios protegidos, los hábitats marinos y muchos otros (art. 6). Cuestión aparte es la financiación adecuada de esta actividad científica, teniendo en cuenta la tradicional escasa asignación presupuestaria de las políticas verdaderamente ambientales en el seno del Ministerio competente.

El conocimiento de la biodiversidad es el presupuesto previo para la posterior actuación administrativa; en este sentido, la planificación se convierte en el instrumento clave, teniendo en cuenta también el elevado grado de desarrollo de la Biología de Conservación en España. En primer lugar, la LPNB recoge el denominado «Plan Estratégico Estatal del Patrimonio Natural y de la Biodiversidad» (art. 12), regulado por el RD 1057/2022 de 27 de diciembre, cuyo fin es el establecimiento y la definición de objetivos, acciones y criterios que promuevan la conservación, el uso sostenible y, en su caso, la restauración del patrimonio, recursos naturales terrestres y marinos y de la biodiversidad y de la geodiversidad. Este Plan Estratégico se acompaña de planes sectoriales. En las mismas coordenadas se mueve el Marco estratégico de la infraestructura verde y de la conectividad y restauración ecológicas (art. 15) de gran importancia por ejemplo para los ecosistemas fluviales y el régimen concesional o para diversas infraestructuras lineales, como carreteras y ferrocarriles. Esta materia se regula por la Orden PCM/735/2021, de 9 de julio, por la que se aprueba la Estrategia nacional de infraestructura verde y de la conectividad y restauración ecológicas.

En la misma línea planificadora, subrayamos la importante figura de los planes de ordenación de los recursos naturales, cuya importancia jurídica se superpone y desplaza a cualquier otro instrumento planificador, especialmente los urbanísticos y de infraestructuras (art. 17). Estos planes de ordenación de los recursos naturales son el instrumento específico para la delimitación, tipificación, integración en red y determinación de su relación con el resto del territorio, de los sistemas que integran el patrimonio y los recursos naturales de un determinado ámbito espacial (art. 16), regulados por unas directrices a las que se someterán las comunidades autónomas, principales competentes ambientales. Estos planes, que gozan de un contenido mínimo obligatorio (art. 20), sirven para detallar la situación de los recursos naturales de un determinado territorio, calificar sus amenazas y oportunidades y elaborar una lista de prioridades en cuanto al uso del espacio natural objeto del plan, con especial importancia a la formación de redes ecológicas, dado que la conectividad de espacios que una vez fueron fragmentados es un elemento clave en la conservación de la biodiversidad, de ahí la importancia de los corredores ecológicos, especialmente los ríos y las zonas montañosas (art. 21).

Dicha previsión normativa choca a veces con la realidad de los espacios naturales declarados pero que carecen de ordenación de sus recursos naturales durante años, período en el que puede poner en peligro los motivos de su declaración, razón por la cual las medidas cautelares administrativas cobran una especialísima importancia; de este modo, el art. 23 dice expresamente que durante la tramitación de un plan de ordenación de los recursos naturales o delimitado un espacio natural protegido y mientras éste no disponga del correspondiente planeamiento regulador, no podrán realizarse actos que supongan una transformación sensible de la realidad física y biológica que pueda llegar a hacer imposible o dificultar de forma importante la consecución de los objetivos de dicho Plan. Por otra parte, una vez iniciado el procedimiento de aprobación de un plan de ordenación de los recursos naturales y hasta que ésta se produzca no podrá otorgarse ninguna autorización, licencia o concesión que habilite para la realización de actos de transformación de la realidad física, geológica y biológica, sin informe favorable de la Administración actuante.

Estas previsiones se acompañan de un régimen de protección preventiva, gracias al cual cuando de las informaciones obtenidas por la comunidad autónoma se dedujera la existencia de una zona bien conservada, amenazada por un factor de perturbación que potencialmente pudiera alterar tal estado, se acordará la obligación de los titulares de los terrenos de facilitar información y acceso a los agentes de la autoridad y a los representantes de las comunidades autónomas, con el fin de verificar la existencia de los factores de perturbación, y en el caso de confirmarse la presencia de factores de perturbación en la zona que amenacen potencialmente su estado se iniciará de inmediato el plan de ordenación de los recursos naturales de la zona, de no estar ya iniciado.

Un paso siguiente es la actividad pública en los espacios naturales protegidos, entre los cuales destacan los incluidos en el catálogo de hábitats en peligro de extinción (art. 26), que habrán de contar con planes de conservación y restauración.

Con independencia del régimen concreto de uso y gestión, subrayamos la importancia de contar con un régimen de protección periférica y la declaración de áreas de influencia socioeconómica, pues a veces no se comunica bien el hecho indubitado de que la declaración de un espacio natural protegido es un buen modo de elevar el nivel de vida de los habitantes del lugar, especialmente en lugares deprimidos económicamente.

Sin perjuicio de las clasificaciones realizadas por las comunidades autónomas realmente prolijas y aunque a veces coincidan en el nombre hay que estar a su concreto régimen jurídico, los espacios naturales protegidos recogidos en la LPNB son de los siguientes tipos (art. 30 y ss.):

a) Parques: Áreas naturales, que, en razón a la belleza de sus paisajes, la representatividad de sus ecosistemas o la singularidad de su flora, de su fauna o de su diversidad geológica, incluidas sus formaciones geomorfológicas, poseen unos valores ecológicos, estéticos, educativos y científicos cuya conservación merece una atención preferente.

b) Reservas naturales: Espacios naturales, cuya creación tiene como finalidad la protección de ecosistemas, comunidades o elementos biológicos que, por su rareza, fragilidad, importancia o singularidad merecen una valoración especial.

c) Áreas marinas protegidas: Espacios naturales designados para la protección de ecosistemas, comunidades o elementos biológicos o geológicos del medio marino, incluidas las áreas intermareal y submareal, que en razón de su rareza, fragilidad, importancia o singularidad, merecen una protección especial.

d) Monumentos naturales: espacios o elementos de la naturaleza constituidos básicamente por formaciones de notoria singularidad, rareza o belleza, que merecen ser objeto de una protección especial.

e) Paisajes protegidos: Partes del territorio que las Administraciones competentes, a través del planeamiento aplicable, por sus valores naturales, estéticos y culturales, y de acuerdo con el Convenio del paisaje del Consejo de Europa, consideren merecedores de una protección especial.

Una especial consideración la tienen los parques nacionales, que constituyen la figura más representativa de los espacios protegidos, siguiendo el modelo estadounidense ya veterano. Se regulan por la Ley 30/2014, de 3 de diciembre, de Parques Nacionales. Sin embargo, a pesar de su declaración como nacionales, su gestión es autonómica en virtud de la jurisprudencia constitucional. Junto a estas figuras, el art. 68 y ss., recoge las Reservas de la Biosfera declaradas por la UNESCO, zonas que a veces se superponen a espacios naturales protegidos en sentido estricto. Sin embargo, la declaración de una reserva carece de un contenido jurídico imperativo. Otra figura que despierta un interés creciente es la del geoparque, patrimonio geológico que ha adolecido de una falta de protección jurídica estricta.

Por lo que respecta a las especies silvestres (art. 54 y ss.), se sigue el Derecho de la UE y, por tanto, queda prohibido dar muerte dañar, molestar o inquietar intencionadamente a los animales silvestres, sea cual fuere el método empleado o la fase de su ciclo biológico. Esta prohibición incluye su retención y captura en vivo, la destrucción, daño, recolección y retención de sus nidos, de sus crías o de sus huevos, estos últimos aun estando vacíos, así como la posesión, transporte, tráfico y comercio de ejemplares vivos o muertos o de sus restos, incluyendo el comercio exterior. De enorme importancia para la biodiversidad mundial es la aplicación en España de la protección de nuestro Derecho a los especímenes de vida silvestre protegidos en sus países de origen y que se encuentran en España, gran centro mundial del comercio de vida silvestre, al amparo del CITES, materia regalada por el RD 986/2021, de 16 de noviembre, por el que se establecen medidas de aplicación del CITES. Para su mejor ejecución se ha aprobado en 2018 el Plan de acción español contra el tráfico ilegal y el furtivismo internacional de especies silvestres (TIFIES).

La LPNB también recoge, con la idea de reducir los graves impactos de las especies exóticas, la prohibición de su introducción, cuando éstas sean susceptibles de competir con las especies silvestres autóctonas, alterar su pureza genética o los equilibrios ecológicos. Con este fin, se crea el Listado de Especies Silvestres en Régimen de Protección Especial (art. 56) y el art. 64 regula el Catálogo Español de Especies Exóticas Invasoras, en el que se incluirán, cuando exista información técnica o científica que así lo aconseje, todas aquellas especies y subespecies exóticas invasoras que constituyan una amenaza grave para las especies autóctonas, los hábitats o los ecosistemas, la agronomía o para los recursos económicos asociados al uso del patrimonio natural. El RD 630/2013 regula el Catálogo español de especies exóticas invasoras, ejemplo de señero de regulación con muchos defectos científicos que se incluyeron a propósito para favorecer a ciertos sectores interesados en el fomento de invasoras y que lograron reformar la LPNB para evitar la ejecución de una sentencia del Tribunal Supremo, vulnerando la tutela judicial efectiva y la reserva de jurisdicción. En cambio, se potencia la reintroducción de taxones extinguidos (art. 55) y la conservación ex situ (art. 62), de gran utilidad para lograr el rescate de especies en grave peligro.

Existe una excepción general a la protección general de las especies silvestres, cuando no se encuentren recogidas en el Listado de Especies Silvestres en Régimen de Protección Especial, que recogerá al menos las especies de las Directivas de Aves y de Hábitats y así lo prevea la legislación sectorial cinegética, forestal, agraria o de pesca. En dicho Listado se recoge el Catálogo Español de Especies Amenazadas, cuya catalogación, descatalogación o cambio de categoría de un taxón o población en el Catálogo Español de Especies Amenazadas se realizará por el Ministerio competente a propuesta de la Comisión Estatal para el Patrimonio Natural y la Biodiversidad, a iniciativa de las comunidades autónomas o del propio Ministerio, cuando exista información técnica o científica que así lo aconseje, es decir, no cuando existan criterios económicos o de oportunidad, como limitar la protección a las poblaciones en ciertos espacios protegidos y no donde se encuentren. En todo caso, a raíz en la regresión de la protección del lobo ibérico, se ha reformado en 2025 el procedimiento administrativo para que las comunidades autónomas puedan bloquear la protección otorgada por el catálogo por la iniciativa estatal, señero ejemplo de la llamada contraorganización administrativa. Las especies protegidas se encuentran así recogidas en el RD 139/2011, de 4 de febrero, para el desarrollo del Listado de Especies Silvestres en Régimen de Protección Especial y del Catálogo Español de Especies Amenazadas, que adolece de algunas faltas de consideración, especialmente respecto de las especies ícticas, curiosamente las más amenazadas y de las que apenas se les considera en estado vulnerable. En cualquier caso, las comunidades autónomas podrán, en su caso, incrementar el grado de protección de las especies del Catálogo Español de Especies Amenazadas en sus catálogos autonómicos, incluyéndolas en una categoría superior de amenaza. Una especie amenazada catalogada puede hallarse en alguna de estas situaciones:

a) En peligro de extinción: taxones o poblaciones cuya supervivencia es poco probable si los factores causales de su actual situación siguen actuando. Habrá que adoptar un plan de recuperación. En las áreas críticas, y en las áreas de potencial reintroducción o expansión de estos taxones o poblaciones definidas como tales en los planes de recuperación, se fijarán medidas de conservación e instrumentos de gestión, específicos para estas áreas o integrados en otros planes, que eviten las afecciones negativas para las especies que hayan motivado la designación de esas áreas.

b) Vulnerable: taxones o poblaciones que corren el riesgo de pasar a la categoría anterior en un futuro inmediato si los factores adversos que actúan sobre ellos no son corregidos. Se aprobará un plan de conservación que incluya las medidas más adecuadas para el cumplimiento de los objetivos buscados.

Subrayamos una vez más que este mandato general de protección de ciertas especies cuenta asimismo con prolijas excepciones, derivadas del Derecho europeo y que afectan en grado sumo a la normativa de caza y pesca.

Para terminar con la exposición de las principales características de la LPNB, cuando recoge el comercio de las especies silvestres, el uso de los recursos genéticos y la distribución de beneficios y la promoción de los conocimientos tradicionales sobre la biodiversidad, la LPNB se remite a lo ya ratificado por España en los diversos tratados y convenios internacionales (art. 71 y ss.). La cuestión se desarrolla en el RD 124/2017, de 24 de febrero, relativo al acceso a los recursos genéticos procedentes de taxones silvestres y al control de la utilización. Otra medida de interés es la financiación adecuada y el patrocinio de la actividad privada de conservación, especialmente la custodia del territorio, aunque no es infrecuente que desparezcan por completo las partidas a especies protegidas en distintas Administraciones, lo cual convierte en un mero *desideratum* las previsiones recogidas en los arts. 75 y ss. de la Ley.

Nos remitimos a la variadísima y a veces inabarcable normativa de las comunidades autónomas, en constante proceso de reforma, para hacerse una idea cabal del régimen concreto de una especie, un hábitat o una práctica que afecte a la biodiversidad, a lo que hay que sumar la legislación sectorial correspondiente, sea urbanística, industrial, agraria, cinegética, minera o forestal, entre otras muchas. En el caso de la custodia del territorio, a todo lo anterior se le suma el conjunto de normas civiles, mercantiles y tributarias que regulan el patrimonio del suelo y sus elementos. Asimismo, nos remitimos al Código Penal para el análisis de los delitos relativos a los espacios naturales y especies protegidos, junto con los relacionados con los recursos naturales y la ordenación del territorio.

Más información

Custodia del Territorio: www.custodia-territorio.es
Europarc: www.redeuroparc.org
Fundación Biodiversidad: www.fundacion-biodiversidad.es

Fundación Global Nature: www.fundacionglobalnature.org

Ministerio de Transición Ecológica: https://www.miteco.gob.es/es/biodiversidad/temas.html

Bibliografía

Alli Turrillas, Juan C: *La protección de la biodiversidad. Estudio jurídico de los sistemas para la salvaguarda de las especies naturales y sus ecosistemas*, Dykinson, Madrid, 2016.

Álvarez Carreño, Santiago *et al.* (dirs.): *Diccionario jurídico de la biodiversidad*, Tirant lo Blanch, Valencia, 2023.

— *Estudios sobre la efectividad del Derecho de la biodiversidad y del cambio climático*, Tirant lo Blanch, Valencia, 2023.

Barreira, Ana; Brufao Curiel, Pedro y Rodríguez-Guerra, Myriam: *Estudio jurídico sobre la custodia del territorio*, Fundación Biodiversidad, Madrid. 2010.

Brufao Curiel, Pedro: *El lobo en España. Regímenes territoriales de protección.* Universidad de Sevilla. 2023.

— «El Derecho ambiental y el Derecho pesquero ante la conservación de la biodiversidad: el caso de la anguila europea (*Anguilla anguilla*) como especie protegida», en *Actualidad Jurídica Ambiental*, n.º 105, 2020.

— «Situación legal y propuestas jurídicas sobre la explotación del visón americano (*Neovison vison*) como especie invasora», en *Actualidad Jurídica Ambiental*, n.º 96, 2019.

— «El Derecho y la Ciencia, o cómo desdeñar la sentencia del Tribunal Supremo sobre el catálogo de especies invasoras y negar la certeza científica», en *Revista Aranzadi Doctrinal*, n.º 4, 2017.

— *Comercio de flora y fauna. Aplicación en España de la Convención CITES*, Reus, Madrid, 2019.

Gallego Bernard, M.ª Soledad *et al.* (coords.): *Aplicación judicial del Derecho de la Unión Europea sobre Red Natura 2000. Retos y perspectivas*, SEO/Birdlife, Madrid, 2017.

Gallego Bernad, M.ª Soledad: *La Red Natura 2000 en España: régimen jurídico y análisis jurisprudencial*, SEO/Birdlife, Madrid, 2014.

García Ureta, Agustín: «La inadaptación del procedimiento de Evaluación de Impacto Ambiental de las Leyes 42/2007 (Patrimonio natural) y 21/2013 (Evaluación ambiental) a la Directiva de Hábitats de la Unión Europea», en *Actualidad Jurídica Ambiental*, n.º 131, 2023.

— *EU Biodiversity Law: Wild Birds and Habitats Directives*, Europe Law Publishing, Zutphen, 2020.

— *Derecho europeo de la biodiversidad. Aves silvestres, hábitats y especies de flora y fauna*, Iustel, Madrid, 2010.

García Ureta, Agustín *et al.* (dirs.): *Comentarios sistemáticos a la Ley 42/2007, de 13 de diciembre, del Patrimonio Natural y de la Biodiversidad*, Marcial Pons, Madrid, 2024.

Soriano García, José Eugenio y Brufao Curiel, Pedro: *Claves de Derecho Ambiental*, Iustel, Madrid, 2.ª ed., 2024.

2

Ecosistemas fluviales

Los estudios, la doctrina, la normativa y la jurisprudencia han tratado sobre todo las aguas continentales desde la perspectiva patrimonialista pública, con una menor incidencia del estudio de las aguas privadas, y más recientemente, sobre los acuíferos subterráneos. En cuanto a los humedales, objeto de otro capítulo, su enorme importancia ecológica y su elevada degradación ha provocado un especial interés público por su conservación y restauración, que se plasma en un régimen jurídico particular.

2.1. Derecho internacional de los ecosistemas fluviales

El empleo consuetudinario de los límites fluviales como fronteras y el hecho de que se empleasen como vías de comunicación han producido como resultado una actividad normativa internacional de amplio recorrido. La protección internacional ha girado en torno a la soberanía de los Estados ribereños, bajo dos doctrinas diferentes. Una era la decimonónica de la soberanía territorial absoluta o doctrina del Fiscal General de los EE.UU. Judson Harmon, de acuerdo con la cual el país situado aguas arriba era libre de actuar en la parte de la cuenca dentro de su territorio. Esta posición de fuerza más que jurídica se vio rechazada ampliamente al amparo del principio clásico de *sic utere tuo, ut alienum non laedas* (usa lo tuyo y no dañes lo ajeno). Frente a ella nos encontramos con la coetánea doctrina de la integridad territorial del río, por la cual y al contrario de la anterior tesis se primaba la soberanía de los Estados situados aguas abajo y, por tanto, el Estado aguas arriba no podía variar ni la calidad ni la cantidad del río antes de cruzar la frontera.

La posterior evolución del Derecho internacional produjo una postura intermedia, conocida como la teoría de la integridad territorial limitada, por la cual un Estado puede usar las aguas de un río sin que eso perjudique los intereses legítimos de otro Estado ribereño, siendo paradigmático el caso del Lago Lanoux ante la decisión del Tribunal Internacional de Justicia de 16 de noviembre de 1957, que enfrentó a España y a Francia durante prácticamente toda la primera mitad del siglo XX, cuyo objeto era la disputa por un proyecto hidroeléctrico francés que afectaba a España.

Una postura mucho más avanzada la representa la teoría de la comunidad de intereses, por la cual se ignoran las fronteras existentes en una cuenca fluvial y se tiene en cuenta la gestión de la misma, como unidad geográfica y ambiental, cuestión aplicada en España a principios del siglo pasado y que se ha aplicado a cuencas como los Tratados del Níger y del Lago Chad, ambos de 1964, o al río Senegal, de 1975.

Esta última tesis es la que recoge la norma principal actual: la Convención de las Naciones Unidas sobre el derecho de los usos de los cursos de agua internacionales para fines distintos de la navegación de 21 de mayo de 1997. Este tratado se aplicará a falta de acuerdos bilaterales y se basa en el principio del uso equitativo y razonable de las aguas (art. 5), siempre que bajo los instrumentos de la notificación y la cooperación se garantice la protección adecuada y que se tenga en cuenta una amplia panoplia de elementos, como la hidrología y otras cuestiones científicas de hecho, los usos actuales y, la clave del Derecho Ambiental, el estudio de alternativas (art. 6), sin que en ningún caso se causen daños sensibles, pues la conservación del ecosistema es uno de los pilares de este convenio (art. 20 y ss.) aunque se limita a los problemas causados por la contaminación y la introducción de especies invasoras, citando apenas los problemas del régimen ambiental de caudales. Esta norma recoge principios ya empleados en el Derecho internacional, como el caso de las presas del proyecto entre la República Checa y Hungría en el río Danubio, o la disputa entre el Uruguay y la Argentina acerca de la instalación de dos grandes fábricas de celulosa, una española y otra finesa, en la ribera uruguaya del Mar del Plata. Otro caso relevante es el del carácter internacional del río Silala, a caballo entre Bolivia y Chile, sobre el que en 2020 se cerró una vieja controversia fronteriza, rechazándose el carácter de mero manantial y, por lo tanto, territorio boliviano, o si sus derivaciones que alimentan cursos chilenos permitían ciertas prerrogativas a este país. Como ejemplo de límites transfronterizos, el Tratado Cañas-Jerez de 1858 entre Costa Rica y Nicaragua trata la cuestión del río San Juan, objeto de dos sentencias del Tribunal Internacional de Justicia de 2015 y 2018, donde se estudia la indemnización por daños ambientales.

La normativa regional más destacada se basa en el Convenio sobre la protección y el uso de los cursos de aguas transfronterizos y los lagos internacionales de 17 de marzo de 1992, también conocido como Convenio de Helsinki, adoptado en el marco de la Comisión Económica para Europa de las Naciones Unidas (UNECE). Su objeto es promover a todos los niveles adecuados, tanto a escala nacional como en un contexto transfronterizo e internacional, la protección de la salud y del bienestar humanos, tanto individuales como colectivos, en el marco de un desarrollo sostenible, mejorando la gestión del agua, incluida la protección de los ecosistemas acuáticos, y esforzándose por prevenir, controlar y reducir las enfermedades vinculadas con el agua (art. 1), siendo su enfoque eminentemente sanitario. Este Convenio de Helsinki se desarrolla a través del Protocolo de Londres sobre el agua y la salud de 17 de junio de 1999, cuyos objetivos principales son el establecimiento de una calidad mínima para el agua potable, el saneamiento de las aguas residuales y el control y reducción de enfermedades relacionadas con el agua. Existe otro Protocolo, el de responsabilidad civil y compensación de los daños resultantes de los efectos transfronterizos de accidentes industriales en aguas transfronterizas, o Protocolo de Kiev de 21 de mayo de 2003, motivado por las grandes afecciones del año 2000 de las balsas mineras de Baia Mare (Rumanía). Su característica principal es el derecho a obtener una compensación adecuada y rápida por parte de quienes hayan sufrido accidentes en aguas internacionales ocasionados por obras hidráulicas, lodos mineros u oleoductos. Para ello, se prevé el empleo de distintas pólizas y un mínimo de garantía financiera para las empresas.

Contamos también con otros instrumentos internacionales, como el Convenio sobre la protección del Rin de 22 de enero de 1998, con antecedentes de mediados del siglo XX, como el Acuerdo de Berna de 1963 o los Convenios para la protección del Rin contra la contaminación por cloro y contra la contaminación química, ambos de 1976. En cuanto al otro gran río europeo, el Danubio, su Comisión Internacional promovió la Convención internacional para la protección del Danubio de 29 de junio de 1994, centrado básicamente en la contaminación por vertidos, tanto puntual como difusos, en estrecha vinculación la Directiva Marco del Agua de la UE.

Respecto de los ríos ibéricos, el Convenio de Albufeira regula el uso conjunto de las cuencas hispanoportuguesas del Miño, Limia, Duero, Tajo y Guadiana. Se trata básicamente de un reparto de caudales para usos hidroléctricos y de regadío con antecedentes del siglo XIX y XX y en beneficio de las empresas concesionarias a ambos lados de la Raya. Este convenio adolece de los mismos defectos estructuralistas tradicionales, pues apenas tiene una incidencia ambiental positiva en los ecosistemas fluviales objeto de este convenio, a diferencia de los convenios del Rin y el Danubio, muchos más complejos de gestionar. El reparto de caudales se fija por hectómetros cúbicos al año por cuenca y en determinados puntos del cauce, pero sin atisbo alguno de un régimen ambiental de caudales y sin hacer que los concesionarios adapten sus títulos a las necesidades ambientales de estos ecosistemas, desfigurados por completo. A su vez, España y Francia han firmado un Acuerdo administrativo sobre gestión del agua, firmado en Toulouse el 15 de febrero de 2006, cuyo objeto es la gestión del agua sostenible e integrada de los cursos de agua que fluyen por los territorios de los dos países, en aplicación de la Directiva Marco del Agua de la UE. No obstante, persisten ciertos problemas como la desecación del río Querol a pocos metros de España.

Se encuentran vigentes otros convenios regionales de interés, como los americanos de las aguas transfronterizas de Canadá y los EE.UU. de 1909, el de la Cuenca del Plata de 1969, del río Uruguay de 1961 o el Tratado de distribución de las aguas internacionales de los ríos Colorado, Tijuana y Bravo de 1944. En Asia destacan el Acuerdo del Mekong de 1995 y el del río Ganges de 1996. Con un carácter horizontal, que no sólo se aplica a los casos que afecten a los ecosistemas acuáticos, hay que estar a lo dispuesto por el Convenio de Espoo sobre evaluación del impacto ambiental en un contexto transfronterizo, de 25 de febrero de 1991.

Más información

International Rivers: www.internationalrivers.org
FAO: www.fao.org/nr/water/index_es.html
Convenio de Albufeira: https://www.cadc–albufeira.eu

Comisión Internacional del Danubio: www.icpdr.org
Convención Internacional del Rin: www.iksr.org
UNECE: https://unece.org/environment-policy/water

2.2. Derecho comunitario europeo de los ecosistemas fluviales

La UE ha sido el motor de la normativa sobre ecosistemas fluviales y aguas a nivel internacional desde principios de los años setenta del siglo XX, especialmente desde el punto de vista de la contaminación urbana e industrial y gracias a un enfoque muy limitado sectorialmente, por medio del establecimiento conjunto de límites de emisión y niveles de calidad o inmisión en diversas Directivas destinadas a la calidad de las aguas superficiales destinadas al agua potable, la vida de ciertas especies ícticas, las zonas de baño, las sustancias peligrosas o las aguas subterráneas, directivas aprobadas todas ellas entre 1975 y 1979. Son dignas de citar la Directiva 91/676/CEE, de 12 de diciembre de 1991, sobre protección de las aguas subterráneas frente a los nitratos de origen agrario y la importante Directiva 2024/3019, de 27 de noviembre de 2024, sobre el tratamiento de las aguas residuales urbanas. Otra característica de estas normas es su eminente enfoque técnico y la remisión, por tanto, a unas largas y complejas series de anexos, propios de la normativa técnica más depurada.

Para poner límite a esta dispersión normativa, se promovió una Directiva general, la Directiva 2000/60/CE, de 23 de octubre de 2000, conocida como «Directiva Marco del Agua» (DMA). Esta directiva cuenta con unos hitos importantes, pues certifica oficialmente la falsedad de algo que la vieja política y legislación del agua española había defendido durante decenios: que los ríos son solo agua y que ésta se pierde en el mar, en contra de toda prueba científica. En efecto, se adopta como único eje el ambiental y no el productivista de las leyes del agua nacionales al uso, por lo que, como consecuencia, el régimen concesional vigente es España es totalmente incompatible con lo ordenado en la Directiva Marco del Agua y, lo que merece también subrayarse, produce múltiples fricciones con los subsidios comunitarios a la agricultura, la principal consumidora y contaminadora del agua. En todo caso, la DMA no recoge todos los

aspectos relacionados con el agua, ya que los Estados miembros siguen
con un amplio poder de actuación respecto de la depuración de
aguas residuales, la construcción de obras hidráulicas o la desalación
de agua del mar. Por otro lado, aunque se denomine «directiva», la
concreción de los métodos y objetivos del articulado y su largo
conjunto de anexos, deja muy poco margen de actuación a los Estados, responsables de retrasos generalizados a la hora de respetar los
objetivos y plazos asignados, máxime cuando se han publicado guías
y estrategias comunes para encauzar la aplicación de la DMA.

Recordamos que hay que estar al régimen de derogaciones practicado por la DMA para hacerse una idea cabal del nuevo enfoque
prestado a la solución de los problemas de los ecosistemas fluviales
(art. 21 y ss). Junto a estas derogaciones, al ser una norma marco, se
han aprobado nuevas normas específicas, entre las que destacan la
Directiva 2006/7/CE, de 15 de febrero de 2006, relativa a la gestión
de la calidad de las aguas de baño; la Directiva 2006/118/CE, de 12
de diciembre de 2006, relativa a la protección de las aguas subterráneas contra la contaminación y el deterioro; la Directiva 2007/60/
CE, de 23 de octubre de 2007, relativa a la evaluación y gestión de
los riesgos de inundación; la Directiva 2008/105/CE, de 16 de
diciembre, relativa a las normas de calidad ambiental en el ámbito
de la política de aguas; y la Directiva 2009/90/CE, de 31 de julio
de 2009, por la que se establecen, las especificaciones técnicas del
análisis químico y del seguimiento del estado de las aguas.

El objetivo buscado, el ambiental, gira en torno al principio
jurídico vigente desde finales de año 2000 conocido la consecución
del buen estado ecológico de los ecosistemas acuáticos (art. 4) para
el ya lejano año 2015, siguiendo el modelo de gestión de la cuenca
hidrográfica, incluyendo las aguas costeras y abandonando los límites
de las fronteras internacionales, ya que se adopta el de la demarcación
hidrográfica, que puede incluir una o varias cuencas y suma las aguas
costeras. Para alcanzar este objetivo vinculante, con cientos de ejemplos de retraso, se establecen unas series de objetivos ambientales para
todos los cursos y masas de aguas, especialmente en las llamadas zonas
protegidas, y se integran los valores de calidad asignados a las aguas
destinadas a consumo de boca y las destinadas al baño. Las aguas
subterráneas habrán de lograr el titulado «buen estado químico»,
aguas que a pesar de que son mucho más eficientes y baratas que las

superficiales, apenas se les ha tratado la atención debida gracias al estructuralismo hidráulico de la gran obra hidráulica subvencionada a fondo perdido dominante en la Administración hidráulica.

Tal buen estado de las aguas superficiales no sólo se define en términos químicos como ha sido habitual, por lo que se llegaría al absurdo de cumplir la normativa convirtiendo un río en una tubería de hormigón de aguas limpias, sino que a ese criterio se le suman parámetros hidrogeomorfológicos y biológicos. El objetivo primordial del buen estado ecológico y la obligación de prevenir todo deterioro adicional de manera general a todas las masas de agua cuenta con dos excepciones sometidas a criterios muy rigurosos. Por otra parte, se designan unas zonas específicas donde los criterios son más exigentes y, por otra, debido a consideraciones técnicas, los criterios se rebajan excepcionalmente en las llamas «aguas muy modificadas», en las que debido a causas artificiales de degradación sería imposible o muy difícil lograr los requerimientos mínimos, pero sin que se abandonen las medidas de reducción del impacto causado por el hombre, excepciones que pueden ampliar el plazo del año 2015 al 2027.

En cualquier caso, tal dificultad o imposibilidad han de calibrarse desde el punto de vista técnico, sea inasumible su coste o se puedan producir impactos peores, de ahí la importancia de este punto respecto de los necesarios trabajos de restauración fluvial, que se engloba en el Reglamento 2024/1991, de 24 de junio de 2024, relativo a la restauración de la naturaleza. Por lo que respecta de las aguas subterráneas, se ha incluido la prohibición de realizar vertidos directos y la obligación de realizar controles periódicos para vigilar cambios en su composición. La DMA habla también de incorporar el principio de recuperación de costes, pues el usuario ha de contribuir a la financiación de lo que se beneficia y principalmente ha de incidirse en la gestión de la demanda y abandonar el fomento de la oferta gratuita de un bien que se derrocha.

Para terminar, el proceso de transposición completo de la DMA excede de lo habitual en los trámites para incorporar al Derecho interno este tipo de normas comunitarias, pues el logro del buen estado ecológico de las aguas superficiales y el buen estado químico de las aguas subterráneas ha de seguir el siguiente procedimiento (art. 5 y ss.). En primer lugar, los Estados miembros han de evaluar las masas de agua y calcular la consecución de los objetivos ambientales mediante la caracterización de las demarcaciones hidrográficas; en segundo lugar, los programas de seguimiento (art. 8) clasificarán estas masas de agua, lo cual habrá de incorporarse a los programas de vigilancia, cuyos resultados servirán de fundamento a los programas de medidas a adoptar en aquellos ecosistemas acuáticos que corran el riesgo de no poder alcanzar dicho buen estado ecológico, algo que se acentúa día a día según van transcurriendo los plazos. Nos remitimos a los planes hidrológicos de cada demarcación hidrográfica, que pueden llegar a varios miles de páginas cada uno.

Junto a la regulación propia de la conservación de las aguas hay otras normas de interés, como las relativas a la evaluación de impacto ambiental estratégica, de vital importancia respecto de listados de obras muy impactantes como los habituales de la planificación hidrológica española, recogidas en la Directiva 2001/42/CE, de 27 de junio, relativa a la evaluación de los efectos de determinados planes y programas en el medio ambiente, o la Directiva 2011/92/UE, de 13 de diciembre de 2011, relativa a la evaluación de las repercusiones de determinados proyectos públicos y privados sobre el medio ambiente, entre las que se incluyen determinadas obras hidráulicas, como las obras de canalización y regularización de cursos de agua y las presas y otras instalaciones destinadas a contener las aguas o a almacenarlas de forma duradera, las extracciones y recargas de aguas subterráneas en un cierto volumen o los trasvases entre cuencas. A todo ello habrá que sumar la normativa comunitaria europea sobre espacios protegidos y especies de flora y fauna, según las Directivas de Aves y de Hábitats, y la revolución administrativa sobre vertidos practicada por la Directiva 2010/75/UE, de 24 de noviembre de 2010, sobre emisiones industriales y emisiones derivadas de la cría de ganado (prevención y control integrados de la contaminación).

Más información

Comisión Europea: https://environment.ec.europa.eu/topics/water_en
Observatorio de Seguimiento de la DMA: www.fnca.eu
Sistema de Información del Agua para Europa: http://water.europa.eu

2.3. Derecho español de los ecosistemas fluviales

La norma principal es el RD Legislativo 1/2001, de 20 de julio, que aprueba el Texto Refundido de la Ley 29/1985, de 2 de agosto, de Aguas, sometido a diversas reformas desde su publicación.

Como toda norma que regula bienes de dominio público, hay que estudiarla en relación con la importancia que desde antiguo se le ha dado a los asuntos de la titularidad y el uso común, especial o privativo de los bienes públicos, tal y como se predica de las costas o de los yacimientos mineros. A este respecto, una de las notas más sobresalientes ha sido la ampliación de la demanialización a todas las aguas, incluidas las subterráneas, que, bajo la legislación anterior, principalmente la Ley de Aguas de 1879, se consideraban de titularidad privada. No obstante, en virtud de las disposiciones transitorias de la Ley de Aguas de 1985, en realidad tenemos que las aguas más eficientes y olvidadas, las subterráneas, permanecen en su casi totalidad en manos privadas, aguas a las que hay que añadir las superficiales declaradas privadas por sentencia firme, junto a casos, generalmente humedales, en que el lecho puede ser privado y las aguas pueden ser públicas. Por tanto, la situación dominical sigue siendo prácticamente igual que antes de la reforma de 1985 y conviene acudir al Registro de Aguas, al Catálogo de Aguas Privadas y al de Propiedad para asegurarse en este punto. Las Islas Canarias cuentan con una normativa especial, derivada del carácter histórico privado de sus aguas continentales y su forma de explotación, mientras que las agua minero-medicinales siguen el régimen de la Ley de Minas.

La estructura del Texto Refundido de la Ley de Aguas de 2001 (TRLA) denota el carácter omnicomprensivo, ya que abarca el dominio público hidráulico, su protección y su uso, la Administración pública del agua, la planificación hidrológica, las obras hidráulicas y el régimen económico-financiero. Nos remitimos al texto normativo para su mejor comprensión.

Desde un punto de vista ambiental, la clave que nos interesa sobre todo es el uso que se dé a tales bienes de forma independiente de su titularidad. Así, en cuanto a la incidencia real del TRLA, nos detendremos en el instituto de la concesión demanial, que regula el uso privativo de los bienes públicos, dejando claro antes que los usos clandestinos del agua, sin concesión o autorización, son innumerables.

Entendemos que la concesión, que engloba el conjunto de derechos patrimoniales de su concesionario, es un contrato celebrado con la Administración hidráulica, en el que bajo una fortísima influencia del interés general en pro de la salvaguarda y mejor gestión del bien se pacta qué empleo se le dará, aspecto regulado con detalle en las llamadas condiciones esenciales de la concesión, cuyo incumplimiento puede provocar la declaración de caducidad (art. 66 TRLA).

Uno de los aspectos más llamativos e incumplidos es que la práctica totalidad de las concesiones actuales se otorgaron estando en vigor la Ley de Aguas de 1879, bajo cuya vigencia se incluyeron cláusulas concesionales en las que el concesionario se obligaba a respetar las determinaciones de la normativa de pesca fluvial, dada su importancia para la economía ribereña, como ciertos regímenes de caudales que hoy llamaríamos ambientales y la obligación de no impedir el trasiego de la especies ícticas aguas arriba y debajo de la presa u obstáculo creado, el mantener unas escalas ícticas eficaces o simplemente no captar más agua de la concedida, algo a la orden del día. Ocurre no obstante que estas cláusulas esenciales se han incumplido de modo casi absoluto sin que la Administración hidráulica ni la dedicada a la pesca fluvial hayan actuado en el estricto cumplimiento de la Ley, salvo excepciones, por lo que la consecuencia ha sido la práctica extinción de los ríos como ecosistemas, a sabiendas incluso de que podrían instar sin mayor problema a declaración de oficio de la caducidad (art. 66 TRLA) o al menos la revisión de oficio de las concesiones (art. 65 TRLA).

Otro aspecto básico, pero sin embargo arrumbado, es el de los caudales ambientales o mínimos (art. 98 TRLA). Por un lado, la Limnología nos enseña que el caudal ecológico es el propio de las condiciones naturales de un río y no otro más reducido, el cual conlleva la degradación inmediata del ecosistema fluvial, pues el agua natural de un río ni le sobra ni le falta ni una cuenca puede ser excedentaria ni deficitaria en términos ambientales estrictos, máxime cuando la norma general es que los concesionarios han de liberar un exiguo diez por ciento del caudal medio anual, obviando los ciclos hidrológicos naturales y restándole un noventa por ciento del agua a un ecosistema acuático, por lo que concluimos que el actual sistema concesional es incompatible con la DMA y su principio de la consecución de un buen estado ecológico. Por otro, la cuestión se reduce al agua en sí, sin que hayan importado salvo en esporádicas ocasiones en nuestro Derecho de Aguas los sedimentos, la energía cinética, la hidrogeomorfología, los nutrientes o el oxígeno disuelto en un verdadero régimen de caudales, aspectos todos básicos en la Directiva Marco del Agua, cuya transposición al Derecho nacional adolece de varios defectos.

En cualquier caso, los caudales ambientales no podrán ser objeto de concesión y es imprescindible que se controlen mediante medios telemáticos precintados, como se recoge en la Orden TED/1191/2024, de 24 de octubre, por la que se regulan los sistemas electrónicos de control de los volúmenes de agua utilizados por los aprovechamientos de agua, los retornos y los vertidos al dominio público hidráulico. Hay que tener en cuenta, además, que la jurisprudencia estima que los caudales ambientales necesarios para mantener las condiciones ecológicas de los espacios protegidos, en especial los de la Red Natura 2000, tendrán primacía sobre los que pueda haber establecido la Administración hidráulica. Merece una mención especial la restauración fluvial al hilo de las extinciones de las concesiones y la oportunidad que ello representa. Así, nos encontramos ante una herramienta clásica de nuestro Derecho para afrontar el reto del cumplimiento de la DMA y de los novedosos proyectos de restauración fluvial, aspecto que quedaría asegurado con la obligada prestación de una fianza previa para sufragar los gastos de restauración al extinguirse la concesión.

Otros elementos son la reducción del amplio margen temporal de la concesión, que puede llegar a los 75 años, tiempo que puede doblar o triplicar los plazos de amortización. En íntima relación con este particular tenemos otra vez que acudir a las disposiciones de Derecho transitorio. Ya hemos dicho que la gran mayoría de las concesiones actuales se otorgaron bajo la Ley de Aguas de 1879, cuando ésta fue derogada formalmente por la Ley de Aguas de 1985, se dispuso que las concesiones otorgadas ampliarían su vigencia hasta el año 2061, de ahí el pretendido carácter eminentemente fosilizador o petrificador de los derechos concesionales de dichas disposiciones transitorias que harían que ninguna norma ambiental posterior pudiera aplicarse durante por lo general más de un siglo, como el papel prioritario asignado a los cursos fluviales dado por el art. 20 de la Ley 42/2007, de 13 de diciembre, del Patrimonio Natural y la Biodiversidad, teniendo en cuenta que su concesión tuvo lugar principalmente de finales del siglo XIX a mediados del siglo XX. En el criterio para el cómputo del plazo de las concesiones se estima que como máximo se tendrán en cuenta los 75 años, salvo que el título concesional disponga otra menor, a partir de la entrada en explotación de la instalación, por lo que nos encontramos ante una sorprendente avalancha de procedimientos de extinción concesional, pues en numerosos casos ya ha transcurrido ese plazo, considerado por la jurisprudencia del Tribunal Supremo que ha de computarse desde el acta de reconocimiento de su entrada en explotación. En consecuencia, en la mayoría de los casos ese año de 2061 es totalmente erróneo y carece de amparo jurídico.

Otra figura de interés y básica en la doctrina del dominio público es el de la reserva demanial (art. 104 de la Ley 33/2003, de 3 de noviembre, del Patrimonio de las Administraciones Públicas), por la cual la Administración titular de un bien de dominio público hidráulico podrá reservarse el uso exclusivo de bienes de su titularidad destinados al uso general para la realización de fines de su competencia, cuando existan razones de utilidad pública o interés general, como el de la salvaguarda de los pocos ríos que conservan sus características naturales para evitar que se concedan autorizaciones o concesiones. De manera paralela, se ha fomentado la figura de la «reserva hidrológica», que preserva, pero no de una manera tan sólida, diversos cauces, humedales y acuíferos, de la intervención humana, donde destacan las reservas naturales fluviales.

Acerca de las aguas privadas, se emplearán sin que se dé lugar al abuso del derecho y se encuentran sometidas a las limitaciones legítimas de cualquier objeto sometido a la intervención administrativa, como la agraria, la de abastecimientos urbanos, la referente a los vertidos, la ambiental o la de espacios protegidos. La figura más importante es la declaración de sobreexplotación de un acuífero, que posibilitaría impedir las extracciones y ordenar los bombeos, algo que todavía no hemos conseguido pese a la normativa que ampara la adopción de medidas extraordinarias y determinar perímetros de protección (art. 56 del TRLA).

Dentro de la policía de aguas, entendida como conjunto de medidas de control, en los arts. 92 y ss. del TRLA se recogen los diversos instrumentos de protección y la consecución de los objetivos medioambientales, sirviéndose de entre otras medidas del registro de zonas protegidas y el aforamiento y cálculo de los caudales detraídos, dentro de la llamada «revolución del contador» basada en la imposición de caudalímetros precintados y bajo control remoto, medida muy eficaz. Su carencia es causa su vez de extinción concesional, de acuerdo con la Ley 10/2001, de 5 de julio, del plan hidrológico nacional. Por otro lado, la Orden TED/739/2025, de 19 de junio, desarrolla el régimen jurídico de las entidades colaboradoras de la administración hidráulica en materia de aprovechamientos y protección de las aguas del dominio público hidráulico.

Por lo que respecta a los vertidos (art. 100 y ss. TRLA), se consideran los que se realicen directa o indirectamente en las aguas continentales, así como en el resto del dominio público hidráulico, cualquiera que sea el procedimiento o técnica utilizada. Queda prohibido, con carácter general, el vertido directo o indirecto de aguas y de productos residuales susceptibles de contaminar las aguas continentales o cualquier otro elemento del dominio público hidráulico, salvo que se cuente con la previa autorización administrativa. No obstante esta previsión, son innumerables los vertidos clandestinos y queda pendiente el importante asunto de la contaminación difusa agraria, a pesar de las previsiones del RD 47/2022, de 18 de enero, sobre protección de las aguas contra la contaminación difusa producida por los nitratos procedentes de fuentes agrarias. El canon de vertido tampoco ha demostrado que sirva de factor relevante para reducir la contaminación, lo mismo que la previsión de que se podrá prohibir, en zonas concretas, aquellas actividades y procesos industriales cuyos efluentes, a pesar del tratamiento a que sean sometidos, puedan constituir riesgo de contaminación grave para las aguas, bien sea en su funcionamiento normal o en caso de situaciones excepcionales previsibles, de modo especial por lo que se predica del vertido de las sustancias más tóxicas, reguladas por el RD 817/2015, de 11 de septiembre, por el que se establecen los criterios de seguimiento y evaluación del estado de las aguas superficiales y las normas de calidad ambiental. Como es habitual en otras materias, la incoación de un expediente sancionador es poco disuasoria frente a la adopción de las indispensables medidas cautelares, entre ellas la suspensión de la actividad contaminante, máxime cuando tenemos en cuenta la ineficacia de la acción administrativa sobre los vertidos industriales.

Vista la cuestión principal del TRLA, hay que tener en cuenta otras normas sectoriales. Junto a las recurrentes sobre espacios naturales protegidos, se aplican de modo reciente distintas normas urbanísticas sobre zonas inundables, dado que los organismos de cuenca influyen en la expansión urbana acerca del informe que emiten sobre disponibilidad de recursos hídricos, en estrecha relación con las zonas protegidas del art. 99 bis del TRLA. De la misma manera, gracias a las sucesivas reformas con claro intento protector del RD 849/1986, de 11 de abril, del Reglamento del Dominio Público Hidráulico (RDPH), se pretende mejorar la calidad ambiental de los ecosistemas fluviales. Entre ellas destaca las relativas a lograr la conectividad fluvial y la conservación de cauces de dominio público, el mantenimiento del territorio fluvial y las llanuras de inundación, la restauración de ríos o las medidas de ahorro, especialmente gracias al RD 1085/2025, de 22 de octubre, de reutilización del agua.

Más información

Ríos con Vida: www.riosconvida.es

Fundación Nueva Cultura del Agua: www.fnca.eu

COAGRET: www.coagret.com

Centro Ibérico de Restauración Fluvial: www.cirefluvial.com

WWF: http://www.wwf.es/que_hacemos/agua_y_agricultura

Estrategia Nacional de Restauración de Ríos: https://www.miteco.gob.es/
es/agua/temas/delimitacion-y-restauracion-del-dominio-publico-hi-
draulico/estrategia-nacional-restauracion-rios.html

Bibliografía

Agudo González, Jorge (coord.): *El Derecho de aguas en clave europea*, La Ley. Madrid, 2010.

Barreira, Ana; Brufao Curiel, Pedro y Wolman, Andrew: *Restauración de ríos. Guía jurídica para el diseño y realización de proyectos*, Ministerio de Medio Ambiente. Madrid, 2009.

Brufao Curiel, Pedro: *La revisión ambiental de las concesiones y autorizaciones de aguas*, Bakeaz, Bilbao, 2008.

— «El régimen jurídico de las sequías: crítica a la regulación extraordinaria y urgente de un fenómeno natural y cíclico propio del clima», en *Revista de Administración Pública*, n.° 187, 2012.

Burgos Garrido, Belén: *Régimen jurídico administrativo de la sequía y escasez hídrica: instrumentos para su prevención y gestión,* Thomson-Reuters Aranzadi, Cizur Menor, 2021.

Domínguez Martín, Mónica: «Los caudales ecológicos como manifestación de la gestión ecológica del agua en la normativa comunitaria española: procedimiento de determinación e implantación», en *Revista de Derecho Urbanístico y Medio Ambiente,* n.º 261. 2010.

Embid Irujo, Antonio (dir.): *Diccionario de Derecho de Aguas.* Iustel. Madrid. 2007.

Fernández Prieto, Marta (coord.): *Derecho y agua en el horizonte 2030,* Thomson-Reuters Aranzadi, Cizur Menor, 2023.

Fortes Martín, Antonio: *Vertidos y calidad ambiental de las aguas. Regulación jurídico-administrativa,* Atelier, Barcelona, 2005.

Gallego Bernard, M.ª Soledad: «Las sentencias del Tribunal Supremo sobre el incumplimiento por el plan hidrológico del Tajo de 2016 de la regulación sobre caudales ecológicos y objetivos medioambientales», en *Revista del Gabinete Jurídico de Castilla-La Mancha,* n.º 18, 2019.

García de Enterría, Eduardo: «El problema de la caducidad de las concesiones de aguas públicas y la práctica de las concesiones en cartera», Revista de Administración Pública, n.º 17, 1955.

Moreu Ballonga, José Luis: *Aguas públicas, aguas privadas,* Bosch. Barcelona. 1996.

Molina Gómez, Andrés: *Trasvases, medio ambiente y planificación hidrológica. Reflexiones a la luz del tercer ciclo de planificación (2022-2027),* Tirant lo Blanch, Valencia, 2022.

Movilla Pateiro, Laura: «La progresiva ecologización del Derecho internacional de los cursos de agua. Manifestaciones convencionales, jurisprudenciales y consuetudinarias», en *Revista Catalana de Derecho Ambiental,* vol. 13, n.º 2, 2022.

Navarro Caballero, Teresa: *Las reservas demaniales. Instrumentos de utilización y conservación ambiental del dominio público,* Thomson Reuters Aranzadi, Cizur Menor, 2023.

Sastre Beceiro, Mónica *et al.*: «La extinción de las concesiones hidroeléctricas», en *Revista de Derecho Urbanístico y Medio Ambiente,* n.º 322, 2018.

Sereno Rosado, Amparo: *Ríos que nos separan, aguas que nos unen. Análisis jurídico de los convenios hispano-lusos sobre aguas Internacionales,* Lex Nova, Valladolid, 2011.

3
Ecosistemas marinos

Como características del régimen jurídico ambiental de los ecosistemas marinos, contamos con una regulación por sectores muy detallada y que ha avanzado a golpe de catástrofes por vertidos de todo tipo: radioactivos, industriales o petroleros. Esta aproximación se ha detenido en dos tipos de fuentes, aquéllas situadas en la misma costa y las que tienen origen en los buques que los surcan. En tiempos recientes, se han abierto dos nuevos frentes de intervención. Por un lado, contamos con la aplicación de la figura de los espacios marinos protegidos, ya sea en sentido estricto o ya sea con la inclusión de una porción del litoral; la ampliación de las áreas marinas protegidas y el control de las invasiones biológicas a través de las aguas de lastre de los buques son algunos de los grandes retos para la conservación de la biodiversidad, como hemos visto en su capítulo concreto. Por otro, se aborda con más detalle la gestión ecosistémica e integrada del medio marino, sin abandonar el enfoque sectorial, pues hay hechos indubitados que ponen de manifiesto que es el día a día y la suma de miles de pequeñas acciones las que socavan los cimientos de la riqueza biológica de los mares, aunque prestemos mayor atención, como es lógico por otra parte, a sucesos dramáticos como los naufragios de buques petroleros.

3.1. Derecho internacional de los ecosistemas marinos

Antes de tratar las cuestiones de estricto cariz ambiental es obligado hacer una remisión al Derecho internacional del mar, regido bajo el principio de soberanía, lo que implica que la mayor parte de los océanos y mares queden fuera de la jurisdicción de los Estados, un magnífico caso de la tragedia de los bienes comunes y causa de que el Derecho del Mar sea objeto de evolución incesante, cuyas novedades incluyen la protección de la biodiversidad marina en alta mar, las nuevas formas de control de la contaminación, los peces altamente migratorios, el ruido, el deshielo ártico o los yacimienos minerales.

La Convención de las Naciones Unidas sobre Derecho del Mar (CONVEMAR) de 16 de diciembre de 1982 es la norma principal que rige los océanos y mares. Su importancia radica en que junto al contenido jurídico vinculante a los Estados que la han ratificado, ha creado una práctica jurídica general vinculante como Derecho consuetudinario. En resumidas cuentas, la CONVEMAR (arts. 2 y ss.) dispone el derecho de los Estados ribereños a delimitar una banda de hasta 12 millas de mar territorial aguas adentro a contar desde las líneas de base que unen los accidentes geográficos del litoral y que delimitan las llamadas aguas interiores. En el mar territorial, los buques de otros estados cuentan con el denominado derecho de paso inocente. En mar territorial y en las aguas interiores el Estado ribereño cuenta con un derecho de soberanía exclusiva. Por otra parte, al mar territorial se le suma una «zona contigua» de hasta 24 millas contadas desde las líneas de base en las que el Estado ribereño podrá adoptar distintas medidas de aplicación de su normativa marítima, aduanera, fiscal, sanitaria o de inmigración. La CONVEMAR reconoce el derecho de los Estados a declarar una zona económica exclusiva de hasta 200 millas a contar desde las líneas de base en la que tendrán derechos soberanos sobre los recursos naturales y sobre los que están obligados a aplicar medidas de conservación, pero el resto de la comunidad internacional tiene el derecho de navegación, de instalación de cables y tuberías submarinas, acciones de notable impacto ambiental. En cuanto al lecho y subsuelo exteriores, la plataforma continental alcanza desde el límite de las líneas de base hasta el borde aguas adentro de dicha plataforma o hasta el límite de 200 millas, en la que el Estado ribereño disfruta de derechos de soberanía sobre los recursos naturales. Para resolver las disputas sobre la plataforma continental existe una Comisión de Límites, que ha publicado una detallada serie de criterios para su delimitación.

En alta mar no se ejercen derechos de soberanía, pero sí se puede ejercer la jurisdicción de un país sobre sus compatriotas y los buques de su pabellón, cuestión de gran importancia para la persecución de la delincuencia ambiental marítima. Existe asimismo una zona internacional de los fondos marinos, que es denominada patrimonio común de la humanidad y en la que no se pueden ejercer derechos soberanos de ningún tipo; esta zona del lecho marino se regula por la Autoridad Internacional del Lecho Marino, cuya actividad cobra importancia por la creciente rentabilidad de sus recursos minerales (art. 208 de la CONVEMAR), fruto de la cual es el Reglamento sobre prospección y exploración de nódulos polimetálicos, de 13 de julio de 2000. Dada la relevancia que siempre ha tenido la mar para las relaciones internacionales, existe un Tribunal Internacional de Derecho del Mar que resuelve las disputas entre los Estados y que cuenta con salas específicas para la solución de controversias sobre el medio marino, sobre los fondos y sobre las pesquerías.

La acción jurídica internacional se ha destacado principalmente por incidir en la lucha contra la contaminación, tal como establece el art. 211 de la CONVEMAR. La atención a estos problemas cuenta con una considerable trayectoria, entre la que destaca el Convenio OILPOL o Convención internacional para la prevención de la contaminación marítima producida por el vertido de crudo, de 1954, así el Convenio MARPOL 73/78 para prevenir la contaminación por buques, de la Organización Marítima Internacional (OMI). Este convenio MARPOL se aplica a todos los buques en sentido amplio, excepción hecha de los buques de guerra, de los que puedan verterse sustancias perjudiciales o afluentes que las contengan, a través de descargas, razón por la cual los puertos ha de contar con las instalaciones adecuadas para recibir los desechos de los buques.

Los vertidos desde buques se hayan regulados por el art. 210 de la CONVEMAR, desarrollado por el Convenio internacional sobre prevención de la contaminación del mar por vertimiento de desechos y otras materias, más conocido como el Convenio de Londres, de 29 de diciembre de 1972. Este convenio se diferencia del anterior en que se trata el vertimiento de sustancias generadas en tierra y transportadas en buques, aeronaves o plataformas para ser arrumbadas en el mar, incluidos el hundimiento deliberado de buques, el almacenamiento de desechos y el abandono deliberado de plataformas o construcciones en el mar. Hay sustancias que está prohibido verter, como el mercurio, el petróleo crudo, las sustancias radioactivas o los compuestos halogenados, englobadas en la llamada «Lista Negra», y otras, recogidas en una «Lista Gris», que necesitan una autorización, reformado por el Protocolo de 7 de noviembre de 1996, que entró en vigor el 24 de marzo de 2006, día en el que quedó derogado el Convenio de Londres de 1972 en aquellos Estados parte del Convenio y del Protocolo. Se caracteriza por su punto de vista preventivo y la generalización de la prohibición de los vertidos, a excepción de los incluidos en la «Lista de Vertidos Permitidos», que incluye el material del dragado del lecho marino, los fangos y lodos de depuradoras, los desechos de la industria pesquera o material inerte procedente de la actividad minera, entre otros.

Acerca de la seguridad marítima y en los accidentes de los buques petroleros y químicos, de los cuales la CONVEMAR (art. 94) obliga a que cada Estado ejerza sus competencias en las aguas sometidas a su jurisdicción, mientras que los Estados del pabellón han de garantizar la seguridad de sus buques en cuanto al diseño, construcción, equipamiento, tripulación, comunicaciones y prevención de abordajes, de acuerdo con los reglamentos técnicos generalmente aceptados. Sobre la seguridad del tráfico marítimo se encarga el Convenio SOLAS o Convenio internacional para la seguridad de la vida humana en el mar, de 17 de junio de 1960 y revisado el 1 de noviembre de 1974. En cuanto a la protección de los buques y las instalaciones portuarias, se aprobó en 2002 un Código internacional homónimo.

Los grandes casos de contaminación por accidentes de buques petroleros se encuentran regulados por el Convenio relativo a la intervención en alta mar en caso de accidentes que causen contaminación por hidrocarburos, de 2 de noviembre de 1973. Su carácter principal es que permiten intervenir a los Estados ribereños cuando ocurran sucesos de este tipo en alta mar, con el fin de prevenir o reducir los riesgos en su litoral, sin que quede afectado el principio de libertad de tránsito en el mar, pudiendo remolcar, reparar o destruir el buque accidentado bajo el principio de proporcionalidad entre la medida adoptada y el fin a conseguir. Igualmente, se aprobó el 30 de noviembre de 1990 el Convenio OPRC sobre cooperación, preparación y lucha contra la contaminación por hidrocarburos. Este convenio adopta el principio preventivo y crea medidas de cooperación adecuadas entre los Estados para hacer frente a catástrofes, como la obligación de asistencia y el despliegue de personas y material, así como la obligación de aprobar planes de emergencia para cada buque, que incluyen la pronta notificación a las autoridades marítimas y a la OMI. Este convenio cuenta con el Protocolo del año 2000 sobre cooperación, preparación y lucha contra la contaminación por sustancias nocivas y potencialmente peligrosas, distintas de los hidrocarburos o Protocolo HNS.

Por lo que respecta a la reparación de los daños causados por buques y de acuerdo con el art. 235 de la CONVEMAR, los Estados son responsables del cumplimiento de este convenio y de asegurar que sus sistemas jurídicos ofrezcan la pronta y adecuada indemnización o reparación de los daños causados por la contaminación del medio marino, acudiendo a la creación de fondos de indemnización o seguros obligatorios. Siguiendo la estela de este precepto, contamos con el Convenio sobre responsabilidad civil nacida de daños debidos a contaminación por hidrocarburos, adoptado en Bruselas el 29 de noviembre de 1969 o Convenio CLC. Este convenio se complementa con el que creó el FIDAC o convenio sobre la constitución de un fondo internacional de daños debidos a la contaminación por hidrocarburos, adoptado también Bruselas el 18 de diciembre de 1971 y que entró en vigor el 16 de octubre de 1978, que ha sido reformado en varias ocasiones y que ha aumentado progresivamente su cuantía y la zona marítima, como el Protocolo relativo al fondo complementario, que entró en vigor el 3 de marzo de 2005. El objeto de estas normas es establecer un régimen de responsabilidad civil a las víctimas de daños causados por vertidos accidentales o no causados por hidrocarburos transportados a granel en los buques o como combustible de los mismos en el mar territorial o en la zona económica exclusiva.

La protección de la biodiversidad marina es uno de los principios generales de la CONVEMAR (art. 193) aplicable a todos los mares, declaración que casa muy mal con los derechos exclusivos de soberanía de los Estados ribereños a pesar de las reiteradas llamadas a la cooperación internacional. Dada la dificultad de imponer fronteras al medio ambiente y mucho menos al marino, la CONVEMAR (arts. 64 y ss.) establece algunas reglas en cuanto a las especies que compartan las aguas de más de un Estado, especialmente respecto de las llamadas altamente migratorias como los atunes y tiburones, los mamíferos marinos, las anádromas como el salmón y las catádromas como la anguila. Fruto de estas disposiciones es el Acuerdo sobre peces transzonales y las poblaciones de peces altamente migratorios de 1995, aplicable generalmente a aguas fuera de toda jurisdicción nacional.

Los mares regionales son objeto también de una importante legislación internacional, como resultado de la incesante evolución del Derecho del Mar. El principal promotor es el Programa de las Naciones Unidas para el Medio Ambiente (PNUMA), que cuenta con un programa de mares regionales, ejecutado a través de una plétora de tratados y disposiciones de los que el PNUMA actúa generalmente como secretario y entre los cuales destacan los relativos al Antártico, el Golfo Pérsico, África Central y Occidental, el mar Rojo, el Caribe, el Pacífico Sur, el mar Negro o el África Oriental. Sobre el mar Mediterráneo, éste es el objeto del Convenio de Barcelona para la Protección del Medio Ambiente Marino y la Zona Costera del Mediterráneo, de 10 de junio de 1995, desarrollado por protocolos como el de la protección del Mar Mediterráneo contra la contaminación de origen terrestre de 1980.

España es parte de otro convenio de importancia, el Convenio OSPAR relativo a la Protección del Medio Ambiente Marino del Nordeste Atlántico, de 22 de septiembre de 1992 y que entró en vigor el 25 de marzo de 1998. Este convenio es el resultado de la unión del Convenio de Oslo para prevenir la contaminación marina provocada por los vertidos de naves y aeronaves de 1972 y el Convenio de París sobre la contaminación de origen terrestre de 1974. Su actividad incluye diferentes estrategias sobre biodiversidad, eutrofización, sustancias peligrosas, actividades industriales en alta mar y sustancias radioactivas. Otro convenio de interés es el de Helsinki o Convención para la protección del Medio Marino del Mar Báltico, uno de los más contaminados del mundo. De esta convención es parte la UE. Su estrategia está dirigida a la reducción progresiva de la contaminación tanto desde la costa como desde buques, especialmente la más peligrosa de ciertos compuestos, como los policlorobifenilos, el DDT, el mercurio, el cromo, los plaguicidas y residuos petroquímicos.

De singular importancia son las áreas marinas protegidas, espacios naturales que pueden abarcar también zonas del litoral, cuya tipología es muy variada en el Derecho comparado, y que apenas representan un mínimo porcentaje de las aguas marítimas, el gran reto de la conservación de las próximas décadas. Estos esfuerzo, necesarios pero insuficientes, han motivado que para aumentar la protección de las áreas marinas se ha celebrado el «Acuerdo en el marco de la Convención de las Naciones Unidas sobre el Derecho del Mar relativo a la conservación y el uso sostenible de la diversidad biológica marina de las zonas situadas fuera de la jurisdicción nacional», de 20 de septiembre de 2023. Más conocido como Tratado de Alta Mar, se basa principalmente en asegurar la conservación y el uso sostenible de la diversidad biológica marina de las aguas internacionales. Para lograr este fin, se ha acordado el compromiso de proteger, junto a la aplicación de medidas de gestión, el 30 % de los mares en 2030. También se velará por la gestión justa y equitativa de los recursos genéticos marinos, la evaluación del impacto de actividades en alta mar, así como el fomento de la capacidad y transferencia de la tecnología marina. Se ha incorporado al Derecho de la UE mediante la Decisión (UE) 2023/1974, de 18 de septiembre de 2023.

Entre las áreas concretas que cuentan con instrumentos de protección, destacan las Zonas Especialmente Protegidas de Importancia para el Mediterráneo del Convenio de Barcelona, recogidas en el capítulo del litoral, y las reguladas bajo convenios específicos, como el de 2 de diciembre de 1946, relativo a la caza de ballenas y gestionado por la Comisión Ballenera Internacional, la cual ha creado varios santuarios de ballenas: el del Océano Índico creado en 1979 pero que fue derogado en el 2002 y el del Océano Austral creado en 1994. Otros instrumentos internacionales son el Acuerdo de Mónaco sobre la conservación de los cetáceos del Mar Negro, el Mar Mediterráneo y la Zona Atlántica contigua, de 24 de noviembre de 1996 y que entró en vigor el 1 de junio de 2001. Este acuerdo afecta incluso a los países no ribereños pero cuyos buques puedan afectar a la conservación de estos mamíferos marinos, a la vez que incluye el concepto del «Estado del área de distribución», que amplía las facultades de los Estados ribereños o de los Estados bajo cuyo pabellón naveguen buques en toda el área de distribución. Por su extensión e importancia para la conservación global de los mares, se subraya la importancia del Tratado Antártico, de 1 de diciembre de 1959, cuyo Protocolo de Madrid, de 4 de octubre de 1991, crea las «áreas protegidas especialmente de la Antártida» y las «áreas gestionadas especialmente de la Antártida».

Más información

Derecho Internacional del Mar: www.un.org/Depts/los/index.htm
Tribunal Internacional del Derecho del Mar: www.itlos.org

Autoridad Internacional de los Fondos Marinos: www.isa.org
Tratado de Alta Mar: www.un.org/bbnjagreement/en
Organización Marítima Internacional: www.imo.org
Comisión Oceanográfica Intergubernamental: www.ioc-unesco.org
Mares Regionales del PNUMA: www.unep.org/topics/ocean-seas-and-coasts/regional-seas-programme
Plan de Acción del Mediterráneo: www.unep.org/unepmap/
Convenio OSPAR: www.ospar.org
Fundación Océana: www.oceana.org

3.2. Derecho comunitario europeo de los ecosistemas marinos

La acción comunitaria para la custodia de los ecosistemas marinos cuenta con tres objetivos principales: el transporte marítimo, la contaminación causada por los buques y el tratamiento conjunto de la contaminación de los mares y la protección de la biodiversidad marina.

En cuanto al transporte marítimo y bajo la gestión de la Agencia Europea de Seguridad Marítima, se han publicado diversas normas técnicas muy complejas y destinadas a cada uno de los subsectores implicados: el Reglamento 391/2009, de 23 de abril, sobre normas comunes para las organizaciones, sujetas a sucesivas modificaciones de inspección y reconocimiento de buques; la Directiva (UE) 2019/883, de 17 de abril de 2019, relativa a las instalaciones portuarias receptoras a efectos de la entrega de desechos generados por buques; la Directiva 2009/15/CE, de 23 de abril, sobre reglas y normas comunes para las organizaciones de inspección y reconocimiento de buques y para las actividades correspondientes de las administraciones marítimas; la Directiva 2009/16/CE, de 23 de abril, sobre el control de los buques por el Estado rector del puerto; la Directiva 2009/17/CE, de 23 de abril de 2009, por la que se modifica la Directiva 2002/59/CE relativa al establecimiento de un sistema comunitario de seguimiento y de información sobre el tráfico marítimo; la Directiva 2009/18/CE, de 23 de abril de 2009, por la que se establecen los principios fundamentales que rigen la investigación de accidentes en el sector del transporte marítimo; la Directiva 2009/21/CE, de 23 de abril, sobre el cumplimiento de las obligaciones del Estado de abanderamiento; la Directiva 2005/65/ CE, de 26 de octubre, sobre mejora de la protección portuaria; la Directiva 2005/35/CE, de 12 de julio, relativa a la contaminación procedente de buques y la introducción de sanciones por infracciones; el Reglamento 530/2012, de 13 de junio de 2012, relativo a la introducción acelerada de normas en materia de doble casco o de diseño equivalente para petroleros de casco único.; el Reglamento 725/2004, de 31 de marzo, relativo a la mejora de la protección de los buques y las instalaciones portuarias, de gran importancia para el manejo de la información y el dictado de órdenes en las operaciones marítimas; y el Reglamento 324/2008, de 9 de abril, por el que se fijan los procedimientos revisados para las inspecciones de la Comisión en el ámbito de la protección marítima.

La política comunitaria que cuenta con un enfoque integrado se plasma en la importante Directiva 2008/56/CE, de 17 de junio, marco sobre la estrategia marina (DMEM), pilar central de la política marítima integrada de la UE, cuyo objetivo principal era la consecución de un buen estado medioambiental de las aguas marinas para el año 2020. Es decir, se abandona el enfoque sectorial y, como en el caso de las aguas continentales, se opta por la calidad global de los mares. En cuanto a la biodiversidad, la creación de áreas marinas protegidas y sus especies va de la mano de la Directiva de Hábitats y de la Política Pesquera Común. Un instrumento básico lo representan las estrategias marinas, que aplicarán un enfoque ecosistémico en cada uno de los mares regionales respecto de la gestión de las actividades humanas, garantizándose que la presión conjunta de dichas actividades se mantenga en niveles compatibles con la consecución de un buen estado medioambiental y que no se comprometa la capacidad de los ecosistemas marinos de responder a los cambios inducidos por el hombre, permitiéndose a la vez el aprovechamiento sostenible de los bienes y servicios marinos (art. 3). Se relacionan y siguen lo establecido en un plan de acción y aplicando un programa de medidas (art. 13) cuyo fin será la consecución del buen estado ambiental, que estará sometido a diversas actuaciones permanentes de seguimiento (art. 11). Esta DMEM se complementa con una prolija normativa sobre información a aportar a la Comisión y al público interesado y, como es común, se remite a una serie de anejos con criterios científicos y administrativos para cubrir cada una de las etapas previas a la consecución del buen estado ambiental del medio marino, como los descriptores de presiones e impactos. Hay que subrayar la exclusión del ámbito de esta directiva de las aguas en alta mar y las zonas marítimas que se encuentren fuera del Mar Báltico, del Océano Atlántico Nororiental, del Mediterráneo y del Mar Negro.

Un importante avance lo ha constituido la aprobación de la Directiva 2014/89/UE de 23 de julio de 2014, por la que se establece un marco para la ordenación del espacio marítimo. Su finalidad es fomentar el crecimiento sostenible de las economías marítimas, el desarrollo sostenible de los espacios marinos y el aprovechamiento sostenible de los recursos marinos. Tras estos ambiciosos objetivos, la materia se concreta (art. 5), teniendo en cuenta las interacciones entre la tierra firme y el mar, respecto de los sectores energéticos en el mar, del transporte marítimo y de los sectores de la pesca y de la acuicultura, y a la conservación, protección y mejora del medio ambiente, incluida la resistencia a los efectos del cambio climático, sin perjuicio de que los Estados miembros puedan perseguir otros objetivos tales como la promoción del turismo sostenible y la extracción sostenible de materias primas, sin que quede afectada la potestad de los Estados miembros de determinar el modo en que los diferentes objetivos se plasmen y ponderen en su plan o planes de ordenación marítima.

La acción comunitaria se complementa con medidas que incumben a terceros Estados. Un ejemplo de ello es el Acuerdo de Bonn, relativo a la protección del Mar del Norte y del Mar de Irlanda contra la contaminación marítima y que abarca aguas noruegas. Una de sus últimas medidas ha sido doblar la superficie protegida a estos efectos a más de un millón y medio de kilómetros cuadrados. Otro ejemplo es el de la gestión marítima integrada del Mediterráneo y la actividad administrativa y política en el Ártico, el cual gracias al deshielo está sometido a crecientes presiones por la extracción de sus recursos naturales, como la pesca o los hidrocarburos, y el turismo.

Más información

Comisión Europea: http://ec.europa.eu/maritimeaffairs
https://environment.ec.europa.eu/topics/marine-environment_en
Agencia Europea de Seguridad Marítima: www.emsa.europa.eu
Acuerdo de Bonn: www.bonnagreement.org

3.3. Derecho español de los ecosistemas marinos

La normativa española sobre ecosistemas marinos ha experimentado un gran cambio en los últimos años, al hilo de las peticiones de grupos ambientalistas y gracias también al avance científico, que han superado el estrecho margen de actuación delimitado por la política costera, marítima, de espacios naturales y pesquera, cuyos ejemplos de las reservas marinas pueden considerarse antecedente claro de las áreas marinas protegidas.

La norma principal es la Ley 41/2010, de 29 de diciembre, de Protección del Medio Marino (LPMM). A grandes rasgos, esta norma desarrolla el principio de demanialidad del art. 132 de la Constitución, cuestión delimitada por la legislación posterior a la franja marítimo-terrestre, a la vez que se dedica con atención a la protección de las áreas marinas y la lucha contra la contaminación, de ahí que sean constantes las referencias a dichas normas y la remisión a anexos técnicos. El ámbito de la LPMM son todas las aguas marinas, su lecho y su subsuelo sometidos a soberanía o jurisdicción española de acuerdo con la CONVEMAR y la Ley 10/1977, de 8 de enero, sobre el mar territorial, el RD 2510/1977, de 5 de agosto, sobre trazado de líneas de base rectas en desarrollo de la Ley 20/1967, de 8 de abril, sobre extensión de las aguas jurisdiccionales españolas a 12 millas, a efectos de pesca y la Ley 15/1978, de 20 de febrero, sobre la zona económica exclusiva, salvo las aguas costeras o de transición reguladas por la normativa de aguas continentales.

Sobre estas divisiones se plasmarán los estudios y fases de la DMEM, como las evaluaciones previas, los programas de medidas y de seguimiento, así como las excepciones recogidas en la Directiva. Esta Ley no puede actuar por sí sola, sino que ofrece varias remisiones legislativas. Una de ellas es a la Ley 42/2007, de 13 de diciembre, del Patrimonio Natural y la Biodiversidad, cuando ambas leyes nombran la creación de la Red de Áreas Marinas Protegidas (art. 24 y ss. de la LPMM), que incluirá las áreas marinas en sentido estricto, las ZEC y LIC marinos y las reservas marinas pesqueras estatales, sin perjuicio de que se le puedan sumar espacios naturales marinos autonómicos.

Respecto del problema de los vertidos al mar, la LPMM (arts. 31 y ss.) remite a la legislación específica los que se realicen desde la costa, mientras que lo relativo a los vertidos mar-mar sigue lo establecido en los convenios internacionales, especialmente el de Londres, cuyo régimen general se basa en la autorización previa, salvo algunos prohibidos como norma general, siendo el caso de los vertidos radioactivos, el depósito de materiales sobre el lecho y la incineración en el mar. Se incluye la novedad del secuestro de gas carbónico solamente en los casos en que se haga en el subsuelo del lecho marino.

La legislación de desarrollo cuenta con el RD 363/2017, de 8 de abril, por el que se establece un marco para la ordenación del espacio marítimo, que establece detalles muy concisos respecto de su regulación general. Otras normas de desarrollo son el RD 1599/2011, de 4 de noviembre, por el que se establecen los criterios de integración de los espacios marinos protegidos en la Red de Áreas Marinas Protegidas de España. Desde un punto de vista más general, contamos con el RD 486/2025, de 17 de junio, por el que se aprueban las estrategias marinas de segundo ciclo. El RD 1056/2022, de 27 de diciembre, por el que se aprueba el Plan Director de la Red de Áreas Marinas Protegidas de España y los criterios mínimos comunes de gestión coordinada y coherente de la Red, muy detallados y prolijos, que se incluyen en un anexo. El RD 79/2019, de 22 de febrero, por el que se regula el informe de compatibilidad y se establecen los criterios de compatibilidad con las estrategias marinas. De modo especial, hay que mencionar el RD 150/2023, de 28 de febrero, por el que se aprueban los planes de ordenación del espacio marítimo de las cinco demarcaciones marinas españolas, donde se entra en detalle en la zonificación y en la regulación de usos.

Otra de las normas específicas sobre el medio marino es la Ley 42/2007, de 13 de diciembre, del Patrimonio Natural y la Biodiversidad, cuyo art. 32 define las áreas marinas protegidas como los espacios naturales designados para la protección de ecosistemas, comunidades o elementos biológicos o geológicos del medio marino, incluidas las áreas intermareal y submareal, que en razón de su rareza, fragilidad, importancia o singularidad, merecen una protección especial, para cuya conservación se aprobarán planes o instrumentos de gestión que establezcan, al menos, las medidas de conservación necesarias y las limitaciones de explotación de los recursos naturales que procedan, para cada caso y para el conjunto de las áreas incorporables a la Red de Áreas Marinas Protegidas. En las aguas exteriores, la explotación pesquera dependerá de los criterios de la Ley 3/2001, de 26 de marzo, de Pesca Marítima del Estado. En cualquier supuesto, a pesar de la titularidad pública de las aguas y lechos marinos, nada impide que las entidades particulares intervengan con las autoridades competentes en la custodia de las áreas marinas, al igual que se hace con la custodia del territorio.

Hay otras normas que regulan con especial interés el medio marino, como la relativa a los puertos y la recogida y tratamiento de los desechos de las actividades portuarias, regulado en el ámbito estatal español en el RD 128/2022, de 15 de febrero, sobre instalaciones portuarias receptoras de desechos de buques, y el RD Legislativo 2/2011, de 5 de septiembre, por el que se aprueba el Texto Refundido de la Ley de Puertos del Estado y de la Marina Mercante, que regula el régimen ambiental de los buques.

En cuanto a las labores de inspección y certificación derivadas de los convenios internacionales, se regula por el RD 1837/2000, de 10 de noviembre, por el que se aprueba el reglamento de inspección y certificación de buques civiles, de gran complejidad técnica, modificado en varias ocasiones, aunque se mantienen en vigor diversas disposiciones del Decreto 3384/1971, de 28 de octubre, que aprueba el reglamento de reconocimiento de buques y embarcaciones. Esta intervención administrativa está ligada estrechamente a la seguridad marítima, que en nuestro país se regula en cuanto a buques extranjeros se refiere por el RD 1737/2010, de 23 de diciembre, por el que se aprueba el Reglamento por el que se regulan las inspecciones de buques extranjeros en puertos españoles y la Orden de 17 de abril de 1991 por la que se regula el fondeo de buques-tanque en aguas jurisdiccionales o en la zona económica exclusiva española.

Más información

Ministerio para la Transición Ecológica: www.miteco.gob.es/es/costas/
temas/proteccion-medio-marino.html
Salvamento Marítimo: www.salvamentomaritimo.es
Instituto de Ciencias del Mar: www.icm.csic.es

Bibliografía

Brufao Curiel, Pedro: «La vigilancia ambiental y pesquera de las zonas portuarias: los conflictos negativos de competencia entre la Capitanía Marítima, la Autoridad del Puerto y la comunidad autónoma», en *Revista Aranzadi de Derecho Ambiental*, n.º 22, 2012.

Consejo de Estado: «Informe sobre las competencias de las distintas Administraciones territoriales y órganos de la Administración General del Estado en materia de protección de hábitats y especies marinas y de declaración y gestión de áreas marinas protegidas». Madrid. 2006.

García Rubio, M.ª Paz y Álvarez González, Santiago (coords.): *La responsabilidad por los daños causados por el hundimiento del Prestige*, Iustel, Madrid, 2007.

Lobo Rodrigo, Ángel: *La ordenación y planificación del espacio marítimo español*, Aranzadi, Pamplona, 2024.

Menéndez Rexac, Ángel y Rodríguez-Chaves, Blanca (dirs.): *Planificación del espacio marino*, RDU Ediciones, Madrid, 2023.

Núñez Lozano, Carmen (dir.): *Hacia una política marítima integrada de la Unión Europea*, Iustel, Madrid, 2010.

Ortiz García, Mercedes: *La conservación de la biodiversidad marina: Las áreas marinas protegidas*, Comares, Granada, 2002.

Pueyo Losa, Jorge y Jorge Urbina, Julio (coords.): *La cooperación internacional en la ordenación de los mares y océanos*, Iustel, Madrid, 2009.

Sanz Larruga, Francisco Javier (dir.): *Análisis de la protección del medio marino tras una década del enfoque ecosistémico*, Aranzadi, Pamplona, 2022.

Zambonino Pulito, M.ª: *El plan de ordenación de los espacios marítimos. Consideraciones sobre su carácter vinculante y los instrumentos de control preventivo*, Iustel, Madrid, 2023.

4
Humedales

Uno de los tipos de espacios naturales que han recibido una mejor atención política y administrativa para su protección ha sido el de los humedales. Considerados desde tiempo inmemorial como fuente de enfermedades y como terrenos incultos que debían transformarse en cultivos o desecarse, contamos con ejemplos legislativos que promovían su transformación hasta finales del siglo XX, entre los que destaca la Ley Cambó de 27 de julio de 1918.

Como ha constatado la Ciencia, las zonas húmedas o encharcadizas, salobres o dulces, albergan un elevado índice de biodiversidad, son claves en la conservación internacional al refugiarse allí muchas especies migradoras, poseen elevados índices de productividad biológica y suponen elementos configuradores del paisaje. Por otra parte, continuados informes indican que aportan grandes beneficios a la Humanidad, como fuente de agua y alimentos, depuradores de contaminantes, estabilizadores de inundaciones o retenedores de nutrientes. El régimen jurídico de los humedales contiene elementos propios muy interesantes, que como ocurre casi siempre en medio ambiente, tiene como norma de cabecera un tratado internacional, como el Convenio Ramsar de 1971, y se acoge a distintas figuras jurídicas de protección que se le superponen, como la normativa de espacios protegidos, de aguas, urbanística o de caza, por citar algunos ejemplos. Entrado ya el siglo XXI, las nuevas medidas legislativas y administrativas se centran en la restauración de estos ecosistemas, sobre los que la Ciencia ha demostrado que juegan un importante papel frente a los fenómenos meteorológicos adversos, la conservación de la biodiversidad y el cambio climático.

4.1. Derecho internacional de los humedales

La principal norma de Derecho internacional que de modo directo regula los humedales es el Convenio Ramsar de Humedales de Importancia Internacional especialmente como Hábitat de Aves Acuáticas de 1971, ya citado. Este Convenio entró en vigor en 1976 y España se adhirió en 1982.

La misión de este Convenio es la conservación y el uso racional de los humedales mediante acciones locales, regionales y nacionales y gracias a la cooperación internacional, como contribución al logro de un desarrollo sostenible en todo el mundo. Uno de los principales problemas jurídicos es conocer cuándo nos encontramos ante un humedal. El concepto de humedal varía mucho según los diversos ecosistemas, siempre dinámicos y muy variados a nivel mundial; por ello, la interpretación auténtica del Convenio es muy amplia: art. 1.1: «las extensiones de marismas, pantanos y turberas, o superficies cubiertas de aguas, sean éstas de régimen natural o artificial, permanentes o temporales, estancadas o corrientes, dulces, salobres o saladas, incluidas las extensiones de agua marina cuya profundidad en marea baja no exceda de seis metros». Asimismo, podrán comprender las zonas de ribera o costeras adyacentes, así como las islas o extensiones de agua marina de una profundidad superior a los seis metros en marea baja, cuando se encuentren dentro del humedal.

Las obligaciones que los Estados Parte asumen al ratificar este Convenio son (arts. 2 y ss.): designar al menos un sitio para ser incluido como Lugar de Importancia Internacional (Lista Ramsar) y promover su conservación, junto al compromiso de designar otros lugares en el futuro; usar de modo racional o sostenible dichos humedales; crear reservas naturales de humedales, se incluyan o no en la Lista Ramsar, y promover su estudio y la capacitación de personal especializado en su gestión; promover la cooperación internacional, especialmente respecto de humedales transfronterizos. El trabajo jurídico de la Convención Ramsar se concreta en numerosas recomendaciones y resoluciones sobre los más variados aspectos de la gestión de los humedales, adoptadas en las diferentes Conferencias de las Partes. Como excepción general, los Estados podrán, bajo razones urgentes de interés nacional, retirar o disminuir la superficie de los espacios protegidos, «compensándose» en su caso con la creación de nuevas reservas de proporción equivalente. Los criterios para incluir un humedal en la Lista Ramsar son variados: ecológico, botánico, zoológico, limnológico, hidrológico y por su interés para la avifauna acuática.

La actividad planificadora sobre los humedales se concreta en planes estratégicos que abarcan períodos de varios años. La acción a desarrollar se sustenta sobre objetivos estratégicos relacionados con el uso racional de los humedales, hacer frente a las causas de degradación de los humedales y mejorar la gestión de la red de humedales Ramsar.

De gran importancia para nuestros humedales, en el ámbito de la Convención Ramsar tenemos la Declaración de Venecia y la Estrategia sobre Humedales Mediterráneos, aprobadas en 1996.

Otros instrumentos jurídicos internacionales son el Convenio de Berna de 1979 relativo a la Conservación de la Vida Silvestre y del Medio Natural en Europa, del que España es parte desde 1986, y el Convenio de Bonn de 1979, sobre Conservación de las Especies Migratorias de la Fauna Silvestre, al que se sumó nuestro país en 1985. Se encuentran estos tratados en íntima relación, dado que los humedales son espacios de vital importancia para la vida salvaje y, en especial, para las especies migradoras, de las que se incluyen diversos apéndices sobre las exigencias de su conservación. La importancia del Convenio de Berna radica en que, en su virtud, la UE aprobó las importantes Directivas de Aves y la de Hábitats. En cuanto a los humedales costeros de interés para España, citamos el Convenio de Barcelona para la Protección del Mediterráneo, que ha aprobado las ZEPIM o Zonas de Especial Protección de Importancia para el Mediterráneo.

En todos estos instrumentos internacionales, la tarea pendiente es la dación de cuentas, previa inspección y valoración. A falta de otros instrumentos, la publicidad de los resultados, esto es, dar información y realizarla de manera transparente, es fundamental. Sin un régimen jurídico de observaciones, calificaciones, en definitiva, de incentivos, aunque sean meramente políticos (prestigio internacional de cumplimiento de la palabra dada por el Estado), el régimen de protección resulta insuficiente. Hay que acudir, siempre, a un recurso jurídico interno en aplicación de esta legislación internacional, con las enormes dificultades de probanza, de concreción de conceptos deliberadamente vagos y sin una jurisprudencia concreta de aplicación internacional.

Más información

Convención Ramsar: www.ramsar.org

Wetlands International: www.wetlands.org

4.2. Derecho comunitario europeo de los humedales

No existe un Derecho comunitario europeo sobre humedales como tal, sino que hay que tener en cuenta la normativa y jurisprudencia sobre espacios y especies protegidas y sobre aguas, de manera principal, así como la relativa a evaluación de impacto ambiental y ordenación del territorio. Hay que estar especialmente a lo dispuesto en el Directiva Marco del Agua del año 2000, que rige el conjunto de ecosistemas acuático continentales e incluso sus efectos a una milla de la costa, cuyas prescripciones afectan de modo pleno a los usos del agua y los ecosistemas lacustres y fluviales.

Hemos de recordar que es paradigmático el caso de las Marismas de Santoña (Cantabria), objeto una importante sentencia del Tribunal Europeo de Justicia en 1993, entre otros sobre las Directivas de Aves y de Hábitats. El caso de Santoña reforzó el valor directo de estas directivas en el caso de la protección de espacios naturales, pues ante diversas agresiones como la existencia de vertidos de todo tipo, la construcción de una carretera, de instalaciones de acuicultura y el relleno de estos terrenos, hábitat de especies protegidas por los arts. 3 y 4 de la Directiva de Aves, el Reino de España tenía que haber clasificado las marismas, haberlas protegido en toda su extensión, con la debida aprobación de planes de uso y gestión, donde se recuerda la importancia de los humedales protegidos bajo la Convención Ramsar.

Otro ejemplo mundialmente conocido es el de Doñana, figura que cuenta con la práctica totalidad de las figuras de protección reconocidas, pero que sufre una sobreexplotación tal de sus acuíferos a través de cientos de pozos legales e ilegales que llega a desecar sus lagunas y algunos arroyos que nutren de agua a la marisma, además de que el agua superficial no le llegue desde el Caño del Guadiamar y el Brazo de la Torre, como tampoco lo hacen los aportes del estuario del Guadalquivir. Otro caso paradigmático es el de la mayor laguna de España, La Janda, que ni siquiera se reconoce que exista y que por tanto se le aplique el ordenamiento europeo.

Más información

Wetlands International Europe: europe.wetlands.org

Biodiversity Europe: biodiversity.europa.eu/europes-biodiversity/habitats-to-be-restored/wetlands

4.3. Derecho español de los humedales

Por tradición jurídica histórica, el tratamiento de la conservación de los humedales por parte de nuestro ordenamiento ha tenido un mayor predicado respecto de los humedales de agua dulce que respecto de aquéllos de agua salada o salobre, pues al ser transformados los primeros como terrenos agrícolas sufrieron una mayor degradación. Esta diferenciación se da también en la legislación, pues a los de aguas continentales se dedica el Derecho de Aguas, con la Ley homónima a la cabeza seguida del Reglamento del Dominio Público Hidráulico (RDPH), mientras que es la Ley de Costas la que regula principalmente los humedales litorales. En ambos casos, hay que tener en cuenta la normativa de espacios naturales protegidos, la agrícola, de la que sobresale la contaminación difusa agraria por nitratos, la territorial y urbanística o la de caza, con el caso de la contaminación por perdigones de plomo, y la pesca deportiva o profesional, entre otras.

En primer lugar, el art. 111 del Texto Refundido de la Ley de Aguas (TRLA) abre el capítulo V, dedicado a las zonas húmedas, capítulo que se encuadra en el título dedicado a la protección del DPH y de la calidad de las aguas. En nuestro ordenamiento, las zonas húmedas serán las «zonas pantanosas o encharcadizas, incluso las creadas artificialmente», en las cuales toda actividad que las afecte requerirá autorización o concesión administrativa. Dicha protección se subraya con las debidas acciones para su conservación y restauración, tanto por parte de los organismos de cuenca como de los órganos ambientales. No obstante, perviven resabios propios de la Ley Cambó cuando el art. 111.5 se ampara la desecación de las zonas declaradas insalubres o cuyo saneamiento se considere de interés público, norma anacrónica que entendemos derogada en virtud de la Convención Ramsar y del principio de no deterioro adicional de la Directiva 2000/60, Marco del Agua. Estas líneas generales del TRLA encuentran un pormenorizado desarrollo en el RDPH. En efecto, los arts. 275 y ss. de este reglamento detalla que por zonas húmedas se entiende:

a) Las marismas, turberas o aguas rasas, ya sean permanentes o temporales, estén integradas por aguas remansadas o corrientes y ya se trate de aguas dulces, salobre o salinas, naturales o artificiales.

b) Las márgenes de dichas aguas y las tierras limítrofes en aquellos casos en que fuese así declarado, por ser necesario para la protección de la fauna y flora (*vid.* art. 278).

Esta mención básica cede ante la especial de la de espacios naturales protegidos cuando se dice que: «cuando en estas zonas existan valores ecológicos merecedores de una protección especial, la normativa aplicable a las mismas será la prevista en la disposición legal específica». Uno de los problemas jurídicos más importantes, cuestiones de titularidad dominical aparte, es saber qué límites geográficos tiene un humedal, algo muchas veces polémico, pues los ecosistemas acuáticos son a veces muy dinámicos y otras veces son difíciles de apreciar, como los criptohumedales. Esta delimitación, distinta del deslinde de DPH, es necesaria para realizar el posterior inventario de humedales, que habrá de recogerse en los distintos planes hidrológicos de cuenca, tanto los humedales existentes como los susceptibles de recuperación (art. 276). Es digno mencionar que en ocasiones se consideran como humedales lugares muy discutibles, como embalses sometidos a fuertes oscilaciones de nivel por su explotación hidroeléctrica que han provocado la ruptura de la continuidad fluvial, lo que lastra sin duda su eficaz recuperación cuando se extinga la concesión.

La catalogación recogerá las características de cada humedal, su estado de conservación y riesgos de deterioro, las medidas de conservación y los posibles aprovechamientos que de modo sostenible puedan realizarse (art. 277). La actividad de catalogación nacional de humedales, sin embargo, no se ha hecho con los datos con los que obran los organismos de cuenca, sino con los cedidos por las autoridades ambientales de las comunidades autónomas. A su vez, el Inventario nacional de humedales no se ha elaborado en virtud del RDPH, sino de la antigua Ley 4/1989, de Espacios Naturales Protegidos, de la que es desarrollo el RD 435/2004, de 25 de marzo. Este Inventario se publica a efectos estadísticos y de investigación, por lo que no altera el régimen jurídico propio de cada humedal. Se trata por tanto de una actividad de registro administrativa y no jurídica. Junto a la delimitación y el inventario, que se recoge también en la Ley 10/2001 del Plan Hidrológico Nacional y en el RD 907/2007, de Planificación Hidrológica, que recogen la inclusión de los humedales en el Registro de Zonas Protegidas de cada demarcación hidrográfica, la actividad pública gira en torno a la autorización o concesión de las actividades que las afecte, también su zona de periférica de protección (art. 279), especialmente la destrucción del hábitat y los vertidos. Dado el reparto actual de competencias, será necesaria una actividad doble, tanto por parte de la Administración ambiental como del organismo de cuenca y sometida a la debida programación. La rehabilitación o restauración de humedales se potencia desde el RDPH, la cual podrá ser obligatoria en ciertos casos (art. 282); asimismo, se habla de la creación de humedales artificiales en las reculas de embalses, medida de alcance muy limitado, pues lo normal es que en un antiguo río vivo convertido en un pantano se potencien hábitats especies invasoras o comunidades de avifauna de aguas quietas (art. 281). La experiencia nos dice que no ha habido desecaciones por motivos sanitarios en décadas, aunque continúan las desecaciones para infraestructuras o actividades urbanísticas, práctica que no casa muy bien con lo estipulado en la Ley 42/2007, de 13 de diciembre, del Patrimonio Natural y la Biodiversidad, cuyo art. 50 realza el valor jurídico de «los humedales de importancia internacional, del Convenio relativo a los Humedales de Importancia Internacional especialmente como Hábitat de Aves Acuáticas». Esta Ley declara que en los humedales RAMSAR, en los de la Red Natura 2000 y los declarados protegidos, queda prohibida la caza con munición de plomo para evitar la intoxicación de la fauna.

En cuanto a la legislación autonómica, la protección de los humedales se recoge en una variadísima normativa de espacios naturales protegidos, agricultura, caza y pesca u ordenación del territorio y urbanismo, entre otras. En el caso de la Comunidad de Madrid, se aprobó la Ley 7/1990, de Protección de Embalses y Zonas Húmedas, que cuenta con su correspondiente catálogo.

Como normas específicas, destacamos algunas que afectan a grandes extensiones, como el abandonado Plan Especial del Alto Guadiana (RD 13/2008, de 24 de enero), que se basa en la ineficaz recuperación del acuífero de La Mancha húmeda; el Plan Integral del Delta del Ebro o el de los planes de regadíos de Doñana, igualmente ineficaces. Como criterio de actuación generalmente reconocido tenemos el Plan Estratégico de Humedales a 2030, publicado por el Ministerio competente, que recoge, pese a la inactividad y la oposición oficial, la eventual recuperación de humedales como el complejo lagunar de La Janda (Cádiz), con la mayor laguna de España, que ni existe oficialmente para la Junta de Andalucía, a pesar de su recurrente inundación y el haberse dictado en 1967 una sentencia del Tribunal Supremo que la declara como propiedad demanial en cerca de siete mil hectáreas. La Ley autonómica 3/2020, de 27 de julio, de recuperación y protección del Mar Menor, posee como característica principal el que abarca diversos aspectos sectoriales, desde la agricultura, al urbanismo y la ganadería, mientras que la Ley estatal 19/2022, de 30 de septiembre, reconoce la personalidad jurídica a la laguna del Mar Menor y su cuenca.

La principal amenaza para estos lugares excepcionales es el uso clandestino del agua, especialmente de la subterránea, que ha llevado al caos a la Mancha Húmeda, ha desecado humedales costeros mediterráneos y coloca a Doñana al borde de la situación en la que se encuentran las mortecinas Tablas de Daimiel o la Albufera valenciana y el Mar Menor, gracias a una agricultura destructora espoleada por la Política Agraria Común de la UE y una actitud condescendiente e incluso claramente favorable a su degradación de las Administraciones agrarias de las comunidades autónomas y del Estado. En otros casos, a los efectos de la agricultura y la urbanización se añaden la falta de sedimentos transportados por los ríos, como es el caso del Delta del Ebro.

En este punto, advertir debemos que precisamente la Administración autonómica se ha convertido, por puras razones electorales, en las grandes enemigas del uso razonable del agua, de la prohibición de ilegalidades, en fin, de una política no secuestrada por los intereses suicidas cortoplacistas de los saqueadores que yendo de «*free riders*» logran beneficios inmediatos a costa de la destrucción de la fuente de riqueza. La lamentable inclusión de las comunidades autónomas en las confederaciones hidrográficas y organismos de cuenca, ha sido un altísimo peaje medioambiental pagado por una descentralización territorial en menoscabo de una genuina descentralización funcional de carácter independiente y que esté atenta a los intereses generales y no a los cautivos de logreros y desaprensivos que con manifiesta infidelidad a los bienes públicos, se aprovechan de ellos para engrosar ganancias poco lícitas jurídicamente. Y asimismo, en este plano, llamar la atención sobre el descuido con que las Entidades Locales, tratan también todos los territorios en los que existían sistemas naturales de conexión hídrica y que, precisamente por eso, están en estos momentos sufriendo contaminaciones graves, frutos de urbanizaciones consentidas con escasa o nula capacidad de evacuar aguas y de organizar racionalmente la gestión de las conducciones, tanto en abastecimiento como en desagües. El Estado, con su Administración, debe apoyarse en los instrumentos internacionales para lograr recuperar parte de su actuación administrativa, frustrada por una jurisprudencia increíble del propio Tribunal Constitucional y por una voracidad normativa autonómica que ya ha lesionado sin remedio muchos de estos bienes públicos.

El uso del suelo, el urbanismo y construcción posterior, que permite rellenos y desecaciones puede considerarse también otra de las principales amenazas, a pesar de los innumerables planes, programas y proyectos aprobados, que tratan de consolidar la urbanización de estos espacios naturales antes que su protección inmediata, como sería obvio.

Más información

Ministerio para la Transición Ecológica: www.miteco.gob.es/es/biodiversidad/temas/ecosistemas-y-conectividad/conservacion-de-humedales. html

Fundación Global Nature: fundacionglobalnature.org/habitats-y-especies/humedales/

SEO/BirdLife: https://seo.org/nuestros-humedales

Asociación de Amigos de la Laguna de La Janda: lagunalajanda.org

Bibliografía

Brufao Curiel, Pedro y Llamas, Ramón (eds.): *Conflictos entre el desarrollo de las aguas subterráneas y la conservación de los humedales: aspectos legales, institucionales y económicos*, Mundi-Prensa y Fundación Marcelino Botín, Madrid, 2003.

— «Aprovechamientos históricos de agua y conservación de los humedales: cuestiones jurídicas sobre la restauración de la laguna del Cañizar», en *Revista Aragonesa de Administración Pública*, n.° 56, 2021.

— «La titularidad pública de los humedales: el caso de la laguna de La Janda», en *Revista Andaluza de Administración Pública*, n.° 98, 2017.

— «Efectos demaniales, registrales y ambientales de la recuperación del dominio público hidráulico: el caso de las Lagunas de Ruidera», en *Revista de Administración Pública*, n.° 183, 2010.

Requena Paniagua, Rosa M.ª: *Las masas de agua subterránea en situación crítica. Herramientas jurídicas para su gestión. (Regulación específica en la cuenca alta del Guadiana)*, Tesis doctoral, Universidad de Zaragoza, 2018.

5
Litoral

La protección del litoral comprende una serie de bienes muy estudiados y tratados históricamente en nuestro Derecho, dada la naturaleza patrimonial pública de la ribera del mar y de las aguas adyacentes, de ahí que la jurisprudencia y la doctrina sobre las propiedades costeras sea muy prolija. La importancia del litoral para el conjunto de los bienes públicos se subraya con la constitucionalización de dicho carácter público y desde el punto de vista estrictamente científico, el litoral se realza al reunir más que la valoración de dos ecotipos por separado: el terrestre y el marino. Sin embargo, la realidad nos muestra que el título demanial de la costa no es suficiente para su protección por dos razones fundamentales. La primera de las razones por la cual el dominio público es insuficiente reside en que el litoral es mucho más extenso que la estrecha franja declarada dominio público; la segunda se basa en que el litoral se ha tratado casi exclusivamente en España en el último medio siglo desde el punto de vista urbanístico, visión muy reduccionista de la realidad del litoral.

5.1. Derecho internacional del litoral

El Derecho internacional vigente en España comprende un punto de vista regional, es decir, sobre mares concretos, dado que, a diferencia de un tratamiento general, propio de la Convención de Derecho del Mar y que se estudia al hablar del medio marino, las particularidades de litoral hacen que cobre protagonismo el uso del suelo y de la ribera del mar.

La iniciativa pública se ha plasmado en la Carta Europea del Litoral de 1981, que sigue la estela del Programa de la ONU de Mares Regionales, el cual adoptó en 1975 el «Plan de Acción del Mediterráneo». Este plan dio lugar al Convenio de Barcelona para la protección del medio marino y la región costera del mar Mediterráneo, que en su versión reformada se encuentra en vigor en España desde el 9 de julio de 2004 pasando a incluir las zonas costeras, a través del Programa de Gestión de las Zonas Costeras, y los espacios naturales de especial interés y la biodiversidad.

Hay que subrayar que España cuenta con el mayor número de áreas protegidas bajo este convenio, llamadas ZEPIM (Zonas Especialmente Protegidas de Importancia para el Mediterráneo): isla de Alborán, acantilados de Maro-Cerro Gordo, Cabo de Gata–Níjar, fondos marinos del levante almeriense, Mar Menor y zona oriental de Murcia, islas Columbretes, archipiélago de Cabrera, islas Medas y Cabo de Creus. Este convenio es un marco de actuación general que se ha concretado en varios Protocolos de desarrollo:

— Protocolo para la prevención y eliminación de la contaminación causada por el vertido desde buques y aeronaves o la incineración en el mar, ratificado por España el 17 de diciembre de 1976.

— Protocolo para combatir en situaciones de emergencia la contaminación causada por hidrocarburos y otras sustancias perjudiciales, ratificado por España el 17 de diciembre de 1976. Enmendado en 2002, entró en vigor el 17 de marzo de 2004.

— Protocolo sobre la contaminación causante por fuentes y actividades en tierra, ratificado por España el 6 de junio de 1984. Enmendado en 1996, entró en vigor el 11 de mayo de 2008.

— Protocolo sobre zonas especialmente protegidas y diversidad biológica, ratificado por España el 22 de diciembre de 1987. Reformado en 1995, entró en vigor en España el 23 de diciembre de 1998.

— Protocolo sobre la contaminación de la exploración y explotación de la plataforma continental, del fondo del mar y su subsuelo, de 14 de octubre de 1994.

— Protocolo sobre la prevención de la contaminación causada por el movimiento transfronterizo de desechos peligrosos, de 1 de octubre de 1996.

— Protocolo relativo a la gestión integrada de las zonas costeras del Mediterráneo Aprobado en 2008, en vigor desde 2011, ratificado por España en 2010.

De modo especial nos detendremos en el Protocolo relativo a la gestión integrada de las zonas costeras del Mediterráneo. Los aspectos principales de este protocolo se pueden resumir en que las Partes se comprometen a proteger y utilizar de forma sostenible la zona costera, aplicando, entre otras medidas y en correspondencia con algunas legislaciones como la española, la prohibición de construir en al menos los primeros 100 metros desde la línea de costa, la creación de zonas protegidas, la libertad de acceso público al mar y el control de la expansión urbana. Asimismo, la prohibición general de edificar en dicha banda se realza con la protección de ecosistemas costeros particulares, como los humedales, las dunas, los bosques litorales y los hábitats marinos.

La razón de ser de este protocolo se basa en que la actuación pública sectorial no ha logrado el éxito esperado porque la compleja realidad ambiental hace que sea necesario un enfoque conjunto del paisaje, el territorio, la dinámica costera, el agua, la flora y la fauna o los residuos, por citar unos ejemplos, y todo esto desde un punto social, ambiental y económico, pues hay que recordar que el Mediterráneo recibe presiones crecientes y la disparidad política y ambiental lo es en grado sumo. Las herramientas que contempla son la planificación estratégica, la evaluación del impacto y de los riesgos, medidas económicas y fiscales y la investigación científica.

Existen otros tratados internacionales que protegen la riqueza marina de ciertos mares como el Convenio de Helsinki sobre el Mar Báltico de 1974 o el Convenio de Oslo y París del Mar del Norte, que, junto con otros, se recogen en el capítulo sobre medio marino.

Más información

Plan de Acción del Mediterráneo de la ONU: https://www.unep.org/unepmap/

Centro Regional de Áreas Especialmente Protegidas del Mediterráneo: www.rac-spa.org

EUC Coastal and Marine Union: www.costalguide.net

5.2. Derecho comunitario europeo del litoral

Como única fuente del Derecho comunitario sobre el litoral nos encontramos con la Decisión de del Consejo de la UE, de 4 de diciembre de 2008, por la que la Comunidad Europea entra a formar parte del Protocolo sobre la gestión integrada de las zonas costeras del Mediterráneo al Convenio para la Protección del Medio Marino y de la Región Costera del Mediterráneo. Sobresale el que la prohibición general de edificar en esa banda de cien metros se deje en manos de los Estados miembros, a la vez que contiene numerosas previsiones sobre actividades sectoriales, como la agricultura, las actividades marítimas, la pesca o el turismo.

A pesar de esta falta de normativa específica, la Comisión Europea ha publicado diferentes estudios sobre el litoral, como la «Comunicación de la Comisión al Consejo y al Parlamento Europeo sobre la adecuación integrada de las zonas costeras» (COM (95) 511), renovada en 2000 con la «Comunicación de la Comisión al Consejo y al Parlamento Europeo sobre la gestión integrada de las zonas costeras: una estrategia para Europa» (COM (2000) 0547 final), estrategia que analiza los problemas de estas zonas y esbozan unas líneas de actuación muy generales, especialmente en el ámbito de la cooperación entre los Estados miembros y en el de la asignación de los fondos europeos para que eviten financiar proyectos destructivos. A estas comunicaciones le siguió la Recomendación del Parlamento Europeo y del Consejo, de 30 de mayo de 2002, sobre la aplicación de la gestión integrada de las zonas costeras en Europa. El debate y recogida de información fueron actualizados por la «Comunicación de la Comisión – Informe al Parlamento Europeo y al Consejo: evaluación de la gestión integrada de las zonas costeras en Europa» (COM (2007) 0308 final).

Más información

Comisión Europea: https://environment.ec.europa.eu/topics/marine-environment_en

5.3. Derecho español del litoral

La regulación del litoral ha encontrado una acogida secular en nuestro Derecho gracias a su regulación tradicional desde el Derecho romano en adelante, al tratarse el mar y su ribera de bienes comunes excluidos del tráfico jurídico. Esta importancia, que casa muy poco con la falta de una verdadera política pública de la costa, ha hecho que el demanio costero haya sido incluido en la Constitución de 1978, cuyo art. 132.2 dice:

> *Son bienes de dominio público estatal los que determine la Ley y, en todo caso, la zona marítimo-terrestre, las playas, el mar territorial y los recursos naturales de la zona económica y la plataforma continental.*

Estos bienes de dominio público o demaniales cuentan con los caracteres de inalienabilidad, por lo que no pueden ser enajenados; imprescriptibilidad, por lo que no se pueden reconocer derechos patrimoniales por el mero paso del tiempo, e inembargabilidad, por lo que no pueden emplearse frente al pago de deudas públicas. El aparente blindaje jurídico demanial ofrece en principio unas buenas herramientas de protección frente a su usurpación y alteración de sus condiciones físicas en un plano general. Ocurre sin embargo que existen enclaves privados que fueron reconocidos por sentencia firme, se entregaron en manos privadas áreas en pública subasta, existieron humedales que fueron desecados por iniciativa particular amparada públicamente o lo más frecuentemente, ha sido el propio Estado a través de los años quien no ha podido, no ha querido o no ha sabido frenar la usurpación de la estrecha franja de dominio público, sin que falten ejemplos de fomento de ocupación de la ribera del mar en virtud de las Leyes de Puertos de 1880 y 1928.

La norma básica en esta materia es la Ley 22/1988, de 28 de julio, de Costas, que cuenta con antecedentes inmediatos y que subraya el reconocimiento o no de derechos anteriores en la Ley 7/1980, de 10 de marzo, sobre protección de las costas españolas y en la Ley 28/1969, de 26 de abril, sobre Costas, normas que coinciden con el mayor proceso histórico de destrucción del litoral de nuestra historia. La Ley de Costas vigente fue objeto de un importantísimo pronunciamiento del Tribunal Constitucional en 1991. Es ineludible asimismo contemplar el RD 876/2014, de 10 de octubre, por el que se aprueba el Reglamento General de Costas, dado que desarrolla con sumo detalle los criterios generales de la Ley de Costas, como los relativos a los usos del dominio público y los efectos del derecho transitorio. Antes de avanzar en el estudio de esta norma, hay que tener en cuenta el concepto de las «aguas de transición», ya que la delimitación del dominio público marítimo-terrestre puede ser problemática respecto del dominio público hidráulico en los estuarios y tramos bajos de ríos, con importantes consecuencias dados los diferentes planteamientos respecto de la Ley de Aguas, como lo demuestra en 2025 el discutido deslinde marítimo terrestre de las marismas de agua dulce de Doñana.

Los principios de la Ley de Costas vigente se basan en (art. 2):

a) Determinar el dominio público marítimo-terrestre y asegurar su integridad y adecuada conservación, adoptando, en su caso, las medidas de protección, y restauración necesarias y, cuando proceda, de adaptación, teniendo en cuenta los efectos del cambio climático.

b) Garantizar el uso público del mar, de su ribera y del resto del dominio público marítimo-terrestre, sin más excepciones que las derivadas de razones de interés público debidamente justificadas.

c) Regular la utilización racional de estos bienes en términos acordes con su naturaleza, sus fines y con el respeto al paisaje, al medio ambiente y al patrimonio histórico.

d) Conseguir y mantener un adecuado nivel de calidad de las aguas y de la ribera del mar.

En cuanto a las cuestiones patrimoniales, el conjunto de bienes públicos comprende la ribera del mar y de las rías, que a su vez incluye (art. 3 y 4):

a) La zona marítimo-terrestre o espacio comprendido entre la línea de bajamar escorada o máxima viva equinoccial, y el límite hasta donde alcanzan las olas en los mayores temporales conocidos o, cuando lo supere, el de la línea de pleamar máxima viva equinoccial. Esta zona se extiende también por las márgenes de los ríos hasta donde se haga sensible el efecto de las mareas. Se consideran incluidas en estas zonas las marismas, albuferas, marjales, esteros y, en general, los terrenos bajos que se inundan como consecuencia del flujo y reflujo de las mareas, de las olas o de la filtración del agua del mar.

b) Las playas o zonas de depósito de materiales sueltos, tales como arenas, gravas y guijarros, incluyendo escarpes, bermas y dunas, tengan o no vegetación, formadas por la acción del mar o del viento marino, u otras causas naturales o artificiales. Cuestión que hace que a veces el dominio público llegue a considerable distancia tierra adentro dados las características naturales de algunos cordones dunares y acumulaciones de áridos.

Se le añade el mar territorial y las aguas interiores, con su lecho y subsuelo, definidos y regulados por su legislación específica, así como los recursos naturales de la zona económica y la plataforma continental. Dado el carácter dinámico del litoral, siempre cambiante aunque no se perciba en un período corto de tiempo, la Ley de Costas incluye como demaniales las accesiones a la ribera del mar por depósito de materiales o por retirada del mar, cualesquiera que sean las causas y los terrenos invadidos por el mar que pasen a formar parte de su lecho por cualquier causa. También se recogen los acantilados «sensiblemente verticales», los islotes en las aguas interiores y el mar territorial.

No sólo se incluyen bienes por sus condiciones naturales, sino que también comprenden los terrenos deslindados como dominio público que por cualquier causa han perdido sus características naturales de playa, acantilado, o zona marítimo-terrestre, salvo que se hayan desafectado, los terrenos incorporados por los concesionarios para completar la superficie de una concesión de dominio público marítimo-terrestre que les haya sido otorgada, cuando así se establezca en las cláusulas de la concesión las obras e instalaciones construidas por el Estado en dicho dominio, las obras e instalaciones de iluminación de costas y señalización marítima, construidas por el Estado cualquiera que sea su localización, así como los terrenos afectados al servicio de las mismas. En cuanto a los puertos, se rigen por su normativa específica, recogida principalmente en el RD Legislativo 2/2011, de 5 de septiembre, por el que se aprueba el Texto Refundido de la Ley de Puertos del Estado y de la Marina Mercante.

Para la determinación del dominio público marítimo terrestre se acude al instrumento del deslinde (art. 11 y ss. de la Ley de Costas y art. 50 y ss. de la Ley 33/2003, de 3 de noviembre, del Patrimonio de las Administraciones Públicas), el cual declara la posesión y la titularidad dominical a favor del Estado, dando lugar al amojonamiento y sin que las inscripciones del Registro de la Propiedad puedan prevalecer frente a la naturaleza demanial de los bienes deslindados. Esto ha ocasionado no pocos pleitos en virtud de la aplicación del derecho transitorio, clave de bóveda de la Ley, pues es frecuente que se incluyan propiedades privadas en lo que se declara posteriormente como terreno público por lo que se convierten en concesionarios beneficiados por diversas prórrogas a largo plazo, lo que puede dejar en la práctica en un mero *desideratum* el carácter de la imprescriptibilidad del dominio público. En pro de la defensa del demanio recordamos la facultad de inscribirlo en el Registro de la Propiedad, publicidad registral que ahorra no pocos litigios. En cualquier caso, la resolución de aprobación del deslinde es título suficiente para rectificar las situaciones jurídicas registrables contradictorias con el deslinde, al igual que es título suficiente para que la Administración proceda a la inmatriculación de los bienes de dominio público si lo considera conveniente. La solución del Tribunal Constitucional al problema de los enclaves privados en la costa fue el reconocimiento del carácter expropiatorio de aquellos derechos privados reconocidos y el pago del justiprecio a través de un título concesional con fecha de caducidad.

En cuanto al uso de los bienes de dominio público, se siguen las reglas generales del uso común, el especial y el privativo, siendo libre el primero y contando con un régimen autorizatorio y concesional los restantes, regulado con detalle en el RD 876/2014, de 10 de octubre, por el que se aprueba el Reglamento General de Costas, reformado en numerosas ocasiones, principalmente por los efectos del fin del plazo concesional de las ocupaciones demaniales. De extraordinaria importancia es el art. 32 de la Ley de Costas, que ordena que únicamente se podrá permitir la ocupación del dominio público marítimo-terrestre para aquellas actividades o instalaciones que, por su naturaleza, no puedan tener otra ubicación y, por tanto, las construcciones de polígonos industriales, depuradoras, viviendas o ciertas infraestructuras deberán alejarse del dominio público, cuestión a la que se añade la presión para obtener renovaciones de las concesiones que ocupen el litoral, como ciertas refinerías. A su vez, reivindicamos el empleo de la figura de la «reserva demanial» del art. 104 de la Ley 33/2003, de 3 de noviembre, del Patrimonio de las Administraciones Públicas, en la que el Estado se reserva la potestad de otorgar concesiones y autorizaciones con vistas a una buena custodia del territorio litoral (arts. 32 y 47 de la Ley de Costas).

La potestad pública se completa con ciertas limitaciones y servidumbres impuestas sobre los terrenos colindantes con el dominio público marítimo-terrestre (art. 23 y ss. de la Ley de Costas). La llamada «servidumbre de protección» recae sobre una zona de cien metros medida tierra adentro desde el límite interior de la ribera del mar, ampliable a otros cien. En esta servidumbre se permiten sin autorización específica los cultivos y plantaciones, pero quedan prohibidos las edificaciones destinadas a residencia o habitación, la construcción o modificación de vías de transporte interurbanas, la destrucción de yacimientos de áridos, el tendido aéreo de líneas eléctricas de alta tensión, el arrojar residuos sólidos y escombros, la publicidad a través de carteles o vallas o por medios acústicos o audiovisuales y el vertido de aguas residuales e industriales sin depuración, regulado también para las costas por el RD 817/2015, de 11 de septiembre, por el que se establecen los criterios de seguimiento y evaluación del estado de las aguas superficiales y las normas de calidad ambiental. Para la protección del litoral hay que hacer frente a las fuentes de contaminación, reguladas por el RD 258/1989, de 10 de marzo, por el que se establece la normativa general sobre vertidos de sustancias peligrosas desde tierra al mar.

Existe además una «servidumbre de tránsito», que recae sobre una franja de 6 metros, medidos tierra adentro a partir del límite interior de la ribera del mar. Esta zona ha de dejarse permanentemente expedita para el paso público peatonal y para los vehículos de vigilancia y salvamento. Por último, contamos con una «servidumbre de acceso al mar», con el fin de permitir el acceso público, cuya previsión ha de recogerse en la planificación urbana. En permanente conflicto con la actividad urbanística, la «zona de influencia» abarca como mínimo 500 metros a partir del límite interior de la ribera del mar, con el fin de evitar pantallas arquitectónicas o la acumulación de volúmenes de edificación superiores a lo permitido en el planeamiento urbano.

A la hora de considerar de modo coherente el estudio del litoral hay que acudir a la regulación urbanística local y autonómica, pues el contenido de los aprovechamientos urbanísticos de la zona adyacente al dominio público marítimo terrestre y el de las zonas de servidumbre y de influencia viene delimitado precisamente por el ejercicio de las competencias de ordenación del territorio y urbanismo. Hay algunas comunidades autónomas que han regulado específicamente estos asuntos, muy detallada, como Galicia, Cantabria, Andalucía, Canarias, Murcia, Valencia, Baleares y Cataluña.

Más información

Greenpeace: https://es.greenpeace.org/es/trabajamos-en/oceanos/costas/
Ecologistas en Acción: www.ecologistasenaccion.org/areas-de-accion/ medio-marino/costas/

Observatorio del Litoral: www.observatoriodellitoral.com

Ministerio para la Transición Ecológica: www.miteco.gob.es/es/costas/ temas.html

Bibliografía

Desdentado Daroca, Eva: «Los enclaves privados tras el Reglamento de Costas de 2014 y la última jurisprudencia», en *Revista General de Derecho Administrativo*, n.º 49, 2018.

García de Cal, José Luis: «Régimen jurídico aplicable a las prórrogas de las concesiones anteriores a la Ley de 1988 que habilitan la ubicación de industrias en el demanio costero: a propósito de las STS 796/2023 y 805/2023, de 6 de marzo de 2023 (Caso ENCE)», en *Actualidad Jurídica Ambiental*, n.º 134, 2023.

Martín Valdivia, Salvador M.ª: *El Algarrobico. Historia de un fracaso institucional*, Aranzadi, Pamplona, 2022.

Navarro Ortega, Asensio: *El régimen jurídico de las aguas de transición: un punto de encuentro entre la legislación de aguas y la de costas*, Universidad de Granada, Granada, 2014.

Pérez Gálvez, Juan Francisco (dir.): *El nuevo Derecho de costas: Ley y nuevo Reglamento General de Costas*, La Ley, Madrid, 2015.

Pons Cánovas, Ferrán: «La modificación de los criterios para determinar la zona marítimo-terrestre y las dunas realizada por el RD 668/2022, de 1 de agosto», en *Revista de Derecho Urbanístico y Medio Ambiente*, n.º 361, 2023.

— «El nuevo régimen de la prórroga extraordinaria de las concesiones de dominio público marítimo-terrestre», en *Revista de Administración Pública*, n.º 219, 2022.

Rodríguez López, Pedro: *Playas y costas en el Derecho español*, Bosch, Barcelona, 2010.

Sanz Larruga, Francisco Javier (dir.): *Estudios sobre la ordenación, planificación y gestión del litoral*, Fundación Pedro Barrié de la Maza e Instituto de Estudios Económicos de Galicia, La Coruña, 2009.

Torres Barquilla, Yolanda: *La ordenación del litoral: un desafío para legisladores y Administraciones públicas*, Iustel, Madrid, 2024.

Zamorano Wisnes, José: «La determinación del dominio público marítimo terrestre. Cambios en el régimen jurídico de los deslindes», en *Revista Andaluza de Administración Pública*, n.º 95, 2016.

6

Ecosistemas forestales

La conservación de los ecosistemas forestales ha sido una de las primeras actividades en defensa de la Naturaleza a la que se han dedicado los poderes públicos desde tiempos muy remotos, especialmente desde el punto de vista de la deforestación, los incendios de montes y el aprovechamiento de los bienes que éstos producen. Junto con su estricto régimen forestal hay que estar asimismo a las prescripciones relativas los hábitats, las especies de flora y fauna, espacios protegidos y urbanismo.

6.1. Derecho internacional de los ecosistemas forestales

Como se recoge en el capítulo dedicado al régimen jurídico de la biodiversidad, el Convenio sobre la Biodiversidad Biológica es la principal norma sobre la conservación de la vida en nuestro planeta, pero no obstante este carácter, carece de cualquier referencia a ecosistemas específicos, como puedan ser los bosques, aunque existen cuestiones relacionadas en textos como el Plan Estratégico y los objetivos propuestos, «Objetivos Aichi», para reducir la pérdida de biodiversidad a medio plazo y promover la gestión sostenible de las actividades agrososilvopastorales.

Hay que destacar dentro del trabajo de las Naciones Unidas la función desempeñada por el Foro sobre los Bosques y sus principios generales de gestión forestal, adoptados por la Asamblea General de la ONU en 1992, basados en el derecho de los Estados a la explotación de sus recursos naturales, algunos de cuyos puntos principales son: a) Invertir la pérdida de cubierta forestal en todo el mundo mediante la ordenación sostenible de los bosques; b) Potenciar los beneficios económicos, sociales y ambientales de los bosques; c) Aumentar considerablemente la superficie de los bosques protegidos de todo el mundo y la superficie de los bosques de ordenación sostenible, así como el porcentaje de productos forestales que se obtiene de bosques de ordenación sostenible; d) Invertir la disminución de la asistencia oficial para el desarrollo que se destina a la ordenación sostenible de los bosques y movilizar una cantidad significativamente mayor de recursos financieros nuevos y adicionales de todas las fuentes para la ordenación sostenible de los bosques.

Otro aspecto importante a nivel internacional es el comercio ilegal de la madera, causa directa de una elevada tasa de deforestación, especialmente de maderas preciosas tropicales en países donde el Estado de Derecho es muy débil y la violación de los derechos humanos algo cotidiano. A este respecto, la Conferencia de las Naciones Unidas sobre Comercio y Desarrollo (UNCTAD) ha publicado el Convenio Internacional de las Maderas Tropicales de 27 de enero de 2006, el cual cuenta con antecedentes en las versiones de 1983 y 1994, y que fue ratificado por España el 17 de diciembre de 2009. La Unión Europea es también parte de este convenio desde el 26 de septiembre de 2007. Los objetivos de este convenio son compatibilizar dos intereses en principio contrapuestos, como son el promover la expansión y diversificación del comercio internacional de maderas tropicales de bosques ordenados de forma sostenible y aprovechados legalmente y a su vez promover la ordenación sostenible de los bosques productores de maderas tropicales comprendidos entre los trópicos de Cáncer y de Capricornio.

También hay que mencionar el tráfico de maderas protegidas, objeto de la regulación del CITES o Convenio de Washington sobre el tráfico de especies amenazadas de flora y fauna de 1973. Su órgano gestor ha publicado diversas medidas adoptadas para hacer frente al tráfico ilegal de maderas, causa de grandes índices de deforestación.

En cuanto a la actividad privada, pero que cuenta con efectos públicos como en el suministro de bienes en la contratación pública, contamos con la certificación forestal y la aplicación de medidas de normalización de los productos forestales, como es el caso del *Forest Stewardship Council*.

Más información

Greenpeace: www.greenpeace.org/international/tag/forests/
Foro Forestal de las Naciones Unidas: www.un.org/esa/forests/index.html

Organización Internacional de las Maderas Tropicales: www.itto.int

Comité Forestal de la FAO: www.fao.org/forestry/es

Global Forest Coalition: www.globalforestcoalition.org

International Union of Forest Research Organizations: www.iufro.org

Forest Stewardship Council: ww.fsc.org

6.2. Derecho comunitario europeo de los ecosistemas forestales

La Unión Europea carece de una previsión específica sobre los bosques y los ecosistemas forestales en el Derecho originario. A pesar de esta cuestión y de la aplicación de las políticas nacionales en virtud del principio de subsidiariedad, ha publicado diversas normas y financiado proyectos de contenido forestal, como los destinados en un principio a la lucha contra los efectos de la contaminación atmosférica causados por la lluvia ácida en los bosques y suelos o la lucha contra los incendios forestales, además de los relativo a la cuestiones agroforestales y las relacionadas con el desarrollo rural, cuestiones conocidas como el «paquete forestal de la UE».

Estas medidas se coordinan a través del llamado Comité Forestal Permanente de la UE y se basan en la Nueva Estrategia Forestal Europea de 2021, cuya característica principal es la adopción del principio de gestión sostenible, la mitigación de los efectos de la emergencia climática y en la conservación de la biodiversidad con vistas al año 2030, estrategia que se desarrolla por el Plan de Acción de la UE para los Bosques, de 15 de junio de 2006, relacionado en gran medida con los programas de desarrollo rural financiados por el Fondo Europeo Agrícola de Desarrollo Rural, cuyos antecedentes inmediatos han sido las ayudas destinadas a la retirada de tierras del cultivo y su repoblación forestal.

Todas actividades serían infructuosas si no se acometieran los estudios oportunos. Con este fin, el Reglamento 2152/2003, de 17 de noviembre, sobre el seguimiento de los bosques y de las interacciones medioambientales de la Comunidad, conocido como «Forest Focus», determina distintas medidas de control, especialmente sobre los incendios, secuestro de carbono, contaminación atmosférica, suelos y biodiversidad, de acuerdo con las pautas desarrolladas por el

Reglamento 1737/2006, de 7 de noviembre. Los programas de medidas y la evaluación del riesgo de incendios forestales se regulan en el Reglamento 2158/92, de 23 de julio, de protección de los bosques frente a los incendios, que ha sido desarrollado, entre otras normas, por el Reglamento 2121/2004, de 13 de diciembre. La contaminación atmosférica que provoca daños a los bosques y al suelo, causada especialmente por grandes centrales térmicas y siderurgias, se regula de modo concreto por el Reglamento 3528/86, de 17 de noviembre, reformado entre otros por el Reglamento 804/2002, de 15 de abril.

La Unión Europea es una de las principales importadoras de madera, sector en el que es muy frecuente el comercio ilegal. Con el fin de actuar sobre la demanda de productos gestionados bajo ciertos requisitos ambientales, la UE ha tomado diversas iniciativas para el buen fin de esta política como el Plan de Acción conocido como FLEGT (*Forest Law Enforcement, Governance and Trade*), cuyos pilares básicos se refieren a la contratación pública de madera legal, la ayuda a países empobrecidos y al contrabando de maderas de países en guerra, todo ello mediante la expedición de un sistema de licencias bajo el amparo del Reglamento 2173/2005, de 20 de diciembre, a los países terceros, desarrollado por el Reglamento 1024/2008, de 27 de octubre.

En cuanto a la mera actividad comercial, contamos con el Reglamento 2023/1115, de 31 de mayo de 2023, relativo a la comercialización en el mercado de la Unión y a la exportación desde la Unión de determinadas materias primas y productos asociados a la deforestación y la degradación forestal, establece los requisitos de la introducción, exportación y comercialización de los productos que contengan o se hayan alimentado o se hayan elaborado utilizando las materias primas pertinentes, concretamente, ganado bovino, cacao, café, palma aceitera, caucho, soja y madera, con el fin de reducir al mínimo la contribución de la Unión a la deforestación y la degradación forestal en todo el mundo. Esta es quizás una de las medidas más eficaces que se hayan podido aprobar sobre la materia.

Las cuestiones relativas a la biodiversidad de los ecosistemas forestales se regulan principalmente por la Directiva de Hábitats y por las normas que desarrollan la Red Natura 2000, a cuyo estudio concreto nos remitimos.

Más información

Comisión Europea: commission.europa.eu/food-farming-fisheries/fores-try_es

European Forest Institute: www.efi.int

Forests Europe: www.foresteurope.org

6.3. Derecho español de los ecosistemas forestales

El Derecho Forestal español se ha destacado tradicionalmente por regular las cuestiones relativas a la propiedad y otros derechos patrimoniales sobre los montes, ya fuesen privados, municipales, comunales o del Estado, teniendo en cuenta además que el actual régimen forestal deriva de primera mano de la experiencia desamortizadora del siglo XIX y de la consiguiente regulación hipotecaria, recordando que la mayor parte de la propiedad forestal española descansa en manos privadas y en total abarca algo más de la mitad de la superficie de nuestro territorio nacional. La norma principal es la Ley 43/2003, de 21 de noviembre, de Montes (LM), reformada en aspectos importantes como los modos de gestión y la clasificación de los montes, así como para permitir la intervención de la Fiscalía en la represión de los incendios forestales.

La interpretación auténtica de «monte» se recoge en el art. 5 de la LM, que lo define como «todo terreno en el que vegetan especies forestales arbóreas, arbustivas, de matorral o herbáceas, sea espontáneamente o procedan de siembra o plantación, que cumplan o puedan cumplir funciones ambientales, protectoras, productoras, culturales, paisajísticas o recreativas». Es decir, al concepto clásico patrimonialista se le suman nuevas facetas de último cuño. Las comunidades autónomas, de acuerdo con las características de su territorio, podrán determinar la dimensión de la unidad administrativa mínima que será considerada monte a los efectos de la aplicación de la LM, con el fin de limitar las parcelaciones sucesivas, cuyo vallado y explotación forestal suponen el agravamiento de procesos erosivos y un grave lastre para la conservación de la biodiversidad, de ahí que se fomente la agrupación de los mismos (art. 27).

En relación con la explotación forestal intensiva, de graves efectos ambientales, se establece que las plantaciones de especies forestales de turno corto en régimen intensivo sobre terrenos agrícolas estarán sometidas a la LM durante la vigencia de los turnos de aprovechamiento previamente establecidos, a menos que la comunidad autónoma decida expresamente un período más corto, optando su titular una vez finalizado dicho período sobre el aprovechamiento de dicho terreno.

El fin de la LM es garantizar la conservación y protección de los montes españoles, promoviendo su restauración, mejora, sostenibilidad y aprovechamiento racional. A su vez, su ámbito de aplicación son todos los montes españoles, ya sean privados, estén o no bajo la figura del consorcio forestal, demaniales (los catalogados como de utilidad pública, los comunales y los afectos a un uso o servicio público) o patrimoniales, incluidos de modo subsidiario los montes vecinales en mano común del noroeste peninsular.

Hay que subrayar el detallado régimen de uso de los montes públicos demaniales (art. 14 y ss.), del que destaca el régimen concesional de los usos privativos y la inalienabilidad, inembargabilidad e imprescriptibilidad inherentes a los mismos, especialmente importantes a tener en cuenta ante los innumerables casos de usurpación y de descatalogación, para lo cual es indispensable consultar asimismo el Registro de la Propiedad, el municipal y el catastro rústico, junto con el empleo de medios de información geográfica. La gestión de los montes particulares recae sobre su titular, quienes podrán contratar su gestión con personas físicas o jurídicas de derecho público o privado o con los órganos forestales de las comunidades autónomas donde el monte radique. La gestión de estos montes se ajustará, en su caso, al correspondiente instrumento de gestión o planificación forestal, bajo supervisión administrativa.

La LM también se aplica a los terrenos de condición mixta agrosilvopastoral, y en particular a las dehesas, a las cuales les será de aplicación esta ley en lo relativo a sus características y aprovechamientos forestales, sin perjuicio de la aplicación de la normativa que les corresponda por sus características agropecuarias. Dados los específicos problemas de erosión con los que cuenta España, gozan de una gran tradición los trabajos de corrección hidrológico-forestal, que se amparan principalmente bajo el concepto legal de «monte protector». El art. 24 y ss. de la LM recoge el destino principal de las actividades de fomento forestal destinadas a los montes situados en cabeceras de cuencas hidrográficas y aquellos otros que contribuyan a la regulación del régimen hidrológico.

La Administración forestal cuenta con una larga tradición interventora. De este modo, junto con la Estrategia Forestal Española y el Plan Forestal Español, contamos principalmente con los planes de ordenación de recursos forestales (PORF), instrumentos que derivan de la ordenación del territorio y que son ejecutivos y obligatorios, lo que redunda en el carácter estatutario de la propiedad forestal, la cual hace que los montes públicos y privados deban contar con un proyecto de ordenación de montes, plan dasocrático u otro instrumento de gestión equivalente (art. 33) que determine el grado concreto del aprovechamiento forestal (art. 36 y ss.). Si no existen estos instrumentos, los aprovechamientos requerirán autorización administrativa previa.

Un aspecto novedoso es la certificación forestal (art. 35 y ss. de la LM), que se promueve con vistas a mejorar el proceso de obtención de productos forestales.

Junto con la urbanización del monte y las prácticas forestales agresivas, otra de las principales causas de degradación son los incendios forestales, tarea conjunta de del Estado y las comunidades autónomas (art. 43 y ss.), para lo cual se prevén medidas de coordinación, organización y protección civil como medidas de precaución, así como las propias labores de extinción, en especial respecto de las llamadas «zonas de alto riesgo de incendio», medidas ampliadas por el RD 716/2025, de 26 de agosto, por el que se aprueban las directrices y criterios comunes de los planes anuales para la prevención, vigilancia y extinción de incendios forestales. La LM se completa con distintas medidas de fomento, guardería, investigación, formación y acceso público. En cuanto a esta última cuestión, algunas comunidades autónomas han regulado el acceso motorizado y la acampada, que en algunos casos coinciden con lo dispuesto en espacios naturales protegidos.

Más información

Ministerio para la Transición Ecológica: www.miteco.gob.es/es/biodiversidad/temas/politica-forestal.html
Custodia del Territorio: www.custodia-territorio.es
Colegio de Ingenieros de Montes: www.ingenierosdemontes.org
Greenpeace: www.greenpeace.org/espana/es/Trabajamos-en-Bosques
WWF: www.wwf.es/que_hacemos/bosques

Bibliografía

Bustillo Bolado, Roberto y Menéndez Sebastián, Eva M.ª: *Desarrollo rural y gestión sostenible del monte*, Iustel, Madrid, 2005.

Calvo Sánchez, Luis (coord.): *Comentarios sistemáticos a la Ley 43/2003, de 21 de noviembre, de Montes*, Thomson Civitas, Cizur Menor, 2005.

Castroviejo Bolívar, Miguel: «Erradicar la venta de madera ilegal: nuevos requisitos de mercado para la madera y sus productos en la UE», en *Revista General de Derecho Europeo*, n.º 23, 2011.

Fernández García, José Francisco: *Los montes particulares en el Derecho Administrativo español*, Thomson Aranzadi, Cizur Menor, 2004.

Gallego Anabitarte, Alfredo: *La desamortización de los Montes de Toledo (1827-1856). Dictamen histórico y dogmático-jurídico*, Marcial Pons, Madrid, 1993.

García Asensio, José Miguel: *Análisis jurídico de los aprovechamientos forestales*, Atelier, Barcelona, 2021.

García-Moreno Rodríguez, Fernando: *Propiedad forestal pública y utilización energética de la biomasa forestal en Castilla y León*, Aranzadi, Cizur Menor, 2022.

— *La certificación forestal: un instrumento de mercado del servicio de la gestión forestal sostenible. Génesis, evolución y análisis jurídico crítico a la luz de su vigente regulación y aplicación en España*, Aranzadi, Cizur Menor, 2022.

López Ramón, Fernando: *Principios de Derecho forestal*, Thomson Reuters Aranzadi, Cizur Menor, 2002.

Marqués i Banqué, M.ª: «Estrategias sancionadoras en materia de cambio climático: la persecución penal del tráfico ilegal de madera en la Unión Europea y en España», en *Revista Catalana de Derecho Ambiental*, vol. 10, n.º 2, 2019.

Muñiz Espada, Esther: *Derecho forestal y montes de socios: por otro modelo de ordenación de la propiedad*, Reus, Madrid, 2025.

Nieto García, Alejandro: *Bienes comunales de los Montes de Toledo*, Civitas, Madrid. 2 vols., 1991 y 1997.

Nieto García, Alejandro: *Bienes comunales*, Editorial Revista de Derecho Privado, Madrid, 1964.

Pérez-Soba Díez del Corral, Ignacio: «Titularidad y gestión de la ribera de los ríos. El problema de las riberas estimadas con arreglo a la Ley de18 de octubre de 1941», en *Revista de Administración Pública*, n.º 172, 2007.

Pizarro Nevado, R.: *Conservación y mejora de terrenos forestales. Régimen jurídico de las repoblaciones*, Lex Nova, Valladolid, 2000.

Sarasíbar Iriarte, Miren: *El Derecho forestal ante el cambio climático: Las funciones ambientales de los bosques*, Aranzadi, Cizur Menor, 2007.

7
Caza y pesca fluvial

La caza y la pesca constituyen dos grandes fuentes de incidencia humana en el medio natural, cuyas cuestiones jurídicas han girado generalmente sobre los aspectos civilistas y penales, como la propiedad de la pieza cobrada o pescada y el furtivismo, respectivamente. A ello hay que sumar la ingente normativa sobre espacios naturales y especies protegidas. Asimismo, hay una interesante actividad administrativa sobre la selectividad o no del método de captura y sobre la capacidad de causar un daño «cruel» al animal. En cualquier caso, abundan las normas sobre especies, poblaciones y épocas objeto de captura.

7.1. Derecho internacional de la caza y la pesca

En primer lugar, contamos con el marco más general de protección, el Convenio para la Diversidad Biológica, fruto de la Cumbre de Río de 1992. Este Convenio incluye en su art. 8 j) el reconocimiento a las comunidades indígenas del derecho a su gestión tradicional del medio natural, que incluye la práctica de ciertas prácticas tradicionales de caza y pesca, que desde un punto de vista estricto pueden entrar en conflicto con la conservación de determinadas especies. Como veremos en esta sección, la cuestión de la permisibilidad de ciertas prácticas «tradicionales» es uno de los aspectos claves del Derecho de la caza y de la pesca, precisamente porque se entienden como excepciones a los regímenes generales de protección de especies.

Por otro lado, contamos con el CITES, Convenio sobre Comercio Internacional sobre Especies Amenazadas o Convenio de Washington de 1973. Este tratado internacional, del que es parte España, ha influido de modo decisivo en la captura y comercio de especies protegidas, limitando el impacto de las actividades comerciales y, por tanto, la captura de especies en peligro. En bastantes casos, los métodos empleados son la caza o la pesca, que, aunque no tengan carácter deportivo, como en principio es el objetivo de este trabajo, sí pueden entenderse bajo estos conceptos. El sistema básico elaborado por el CITES es el de listas o anexos en los que se citan las especies según su riesgo de extinción y, correlativamente, las restricciones a su captura y comercio, que pueden colisionar con las prescripciones de la Organización Mundial del Comercio (OMC) y del GATT.

Otras fuentes del Derecho internacional son: La Convención de Bonn de 1979 sobre Conservación de las Especies Migratorias de la Fauna Silvestre, que incluye una prohibición general de captura para las especies con un mayor grado de peligro, aunque no sin excepciones; el Acuerdo para la Conservación de las Focas del Mar de Wadden de 1990; el Acuerdo para la Conservación de Murciélagos en Europa de 1991 y el Acuerdo de Mónaco sobre la Conservación de Cetáceos del Mar Negro, el Mar Mediterráneo y la Zona Atlántica Contigua de 1996. Existen otras normas, como las que regulan los tipos de arpones con explosivos para cazar ballenas, según el grado de sufrimiento causado.

En el Derecho internacional regional europeo para la protección de la biodiversidad, el principal instrumento es el Convenio de Berna de 1979, o Convención relativa a la Conservación de la Vida Silvestre y del Medio Natural en Europa, al que se adhirió la CEE en 1982. La importancia de este Convenio de Berna radica en que ha servido de fuente para la aprobación de Directivas de la UE de gran peso en la gestión ambiental, como la de Aves y la de Hábitats.

Más información

Comercio Internacional sobre de Especies Protegidas: www.cites.org
Convención de Bonn: www.cms.int
Convenio de Berna: www.coe.int/en/web/bern-convention

7.2. Derecho comunitario europeo sobre caza y pesca

No existe un conjunto separado del Derecho de la caza y la pesca en el marco comunitario, sino que estas materias se enmarcan dentro del más general de especies y espacios protegidos. No obstante

lo dicho, existe un conjunto de normas que versan sobre los métodos de captura y su grado de crueldad, que muestran al menos la
sensibilidad oficial por parte de cada Estado miembro y sus representantes ante el respeto de los animales.

La principal norma vigente de aplicación directa es el Reglamento
(CE) 3254/1991, por el que se prohíbe el uso de cepos y la introducción en la UE de pieles y productos manufacturados de determinadas especies de animales salvajes capturados con métodos y cepos
no conformes a la normativa internacional de captura no cruel. Esta
norma se aplica en desarrollo del Convenio de Berna de 1979, junto
con el Reglamento (CE) 338/97 y la Decisión 82/72/CE sobre estas
mismas materias. En comercio internacional, contamos con el lejano
precedente de la Directiva, de 28 de marzo de 1983, relativa a la
importación en los Estados miembros de pieles de determinadas crías
de foca y productos derivados, que prohíbe de modo general el
tráfico de estas especies en la UE, salvo los productos peleteros y
carne con origen en la caza tradicional inuit. Con idénticos fines
conservacionistas se aprobó el Reglamento 348/81, de 20 de enero
de 1981, relativo al régimen común aplicable a las importaciones de
productos derivados de los cetáceos, que puso fin a sus autorizaciones comerciales.

Sobre las especies que puedan ser objeto de captura, por un lado
contamos con la Directiva 2009/147, de 30 de noviembre, de Aves
Silvestres. Esta Directiva establece un marco general de protección a
todas las aves silvestres; es decir, todas están protegidas y como excepción se permite la caza o captura de ciertas especies. Por otra parte,
establece en su art. 7.4 la prohibición de cazar o capturar aves en
los períodos de reproducción, incluyendo la época de celo, y crianza
y en la temporada de regreso a los lugares de cría en el caso de aves
migratorias. Dado que esta Directiva de Aves pretende influir de
modo directo en el mundo de la caza, incluye una prohibición
general de cazar las especies no incluidas en el Anexo II de la Directiva, es decir, el criterio es muy restrictivo, pues sólo se pueden cazar
las especies allí relacionadas y, en cualquier caso, las especies cinegéticas no han de ver puesta su viabilidad en peligro (art. 7.1). Por lo
que se refiere al bienestar animal en la caza, la captura o muerte de
aves en el marco de la Directiva de Aves, los Estados miembros prohibirán el recurso a cualquier medio, instalación o método de captura

o muerte masiva o no selectiva o que pudiera causar la desaparición local de una especie, y en particular, los que se enumeran en la letra a) del Anexo IV, como los lazos, ligas, anzuelos, explosivos, aves vivas utilizadas como reclamos cegadas o mutiladas, aparatos grabadores, aparatos electrocutantes, fuentes luminosas artificiales, espejos, dispositivos para iluminar los blancos, dispositivos para tiro nocturno, explosivos, redes, venenos y armas semiautomáticas o automáticas cuyo cargador pueda contener más de dos cartuchos. Asimismo, los Estados miembros prohibirán cualquier persecución con medios de transporte.

Como toda norma general y de compromiso, se incluyen excepciones a las restricciones anteriores. Así, el art. 9 establece que se podrán adoptar tales excepciones en aras de la salud y de la seguridad pública, para garantizar la seguridad aérea, para prevenir perjuicios importantes a los cultivos, el ganado, a los bosques, a la pesca y a las aguas y para proteger la flora y la fauna. Del mismo modo, se puede autorizar la captura de especies protegidas para fines de investigación o de enseñanza, de repoblación, de reintroducción así como para la crianza orientada a dichas acciones, y para permitir, en condiciones estrictamente controladas y de un modo selectivo, la captura, la retención o cualquier otra explotación prudente de determinadas aves en «pequeñas cantidades».

La Directiva 92/43/CE, de Hábitats, de 21 de mayo, establece una lista de especies que se denominan «prioritarias», también regula el concepto de «estado de conservación favorable» de las especies, entendido como el conjunto de influencias que actúen sobre la especie y puedan afectar a largo plazo a la distribución e importancia de sus poblaciones. Este estado podrá ser favorable o desfavorable, teniendo siempre en cuenta la obligación de los Estados de establecer un sistema de vigilancia de su estado de conservación.

El sistema de anexos se emplea para incluir los hábitats de especies del Anexo II, teniendo en cuenta los criterios de las conocidas como «regiones biogeográficas» dentro de los límites estatales como norma general. A su vez, el Anexo IV incluye las especies y poblaciones bajo protección estricta en sus áreas de distribución natural. Sobre el particular se prohíbe acerca de las especies de la letra a) de este Anexo cualquier forma de captura o sacrificio deliberados de especímenes de dichas especies en la naturaleza; la perturbación deliberada de dichas especies, especialmente durante los períodos de reproducción, cría, hibernación y migración; la destrucción o la recogida intencionales de huevos en la naturaleza; Igualmente, se prohíbe el deterioro o destrucción de los lugares de reproducción o de las zonas de descanso, al igual que la posesión, el transporte, el comercio o el intercambio y la oferta con fines de venta o de intercambio de especímenes recogidos en la naturaleza. Esto último es de gran importancia a los efectos de la represión del tráfico ilegal ligado a la caza y pesca furtivas. Puede haber excepciones a tan estricta protección, pero siguiendo un *iter* legal y lógico muy estricto. En cuanto a las excepciones, el art. 16, se permiten siempre que no exista ninguna otra solución satisfactoria y que ello no suponga perjudicar el mantenimiento, en un estado de conservación favorable, de las poblaciones de la especie de que se trate en su área de distribución natural: a) con el fin de proteger la fauna y flora silvestres y de conservar los hábitats naturales; b) para evitar daños graves en especial a los cultivos, al ganado, a los bosques, a las pesquerías y a las aguas, así como a otras formas de propiedad; c) en beneficio de la salud y seguridad públicas o por razones imperativas de interés público de primer orden, incluidas las de carácter socioeconómico y consecuencias beneficiosas de importancia primordial para el medio ambiente; d) para favorecer la investigación y educación, la repoblación, la reintroducción de dichas especies y para las operaciones de reproducción necesarias a dichos fines, incluida la propagación artificial de plantas; e) para permitir, en condiciones de riguroso control, con criterio selectivo y de forma limitada, la toma o posesión de un número limitado y especificado por las autoridades nacionales competentes de determinados especímenes de las especies que se enumeran en el Anexo IV.

Como toda excepción, ha de ser interpretada en sentido restrictivo, a pesar de lo cual los Estados miembros han hecho lo contrario en muchas ocasiones. Lo habitual ha sido la afección a intereses económicos, ante lo cual la jurisprudencia europea ha planteado serias objeciones y rechazado estos argumentos sobre la base de que no superaban el análisis de los bienes jurídicos protegidos por la Directiva.

Una protección más laxa se recoge en el Anexo V respecto de ciertas especies y poblaciones, dado que si los resultados de la vigilancia sobre la evolución de las especies así lo manifiesta, sometido exclusivamente a criterios científicos. No sólo se trata de la captura, pues la «recogida en la naturaleza», concepto que deriva del *taking* de la *Endangered Species Act* estadounidense, es mucho más amplia, a lo que se une cualquier forma de explotación, en cualquier supuesto bajo la obligación de mantenerse en un estado de conservación favorable. Pero tampoco hay una libertad absoluta, dado que se exige la «necesariedad» de las medidas, entre las cuales se enumeran, las disposiciones relativas al acceso a determinados sectores, como pueda ser el de la caza; la prohibición temporal o local de la recogida de especímenes en la naturaleza y de la explotación de determinadas poblaciones; la regulación de los períodos y/o de las formas de recogida de especímenes; la aplicación, para la recogida de especímenes, de normas cinegéticas o pesqueras que respeten la conservación de dichas poblaciones; la instauración de un sistema de autorización de recogida de especímenes o de cuotas; la regulación de la compra, venta, comercialización, posesión o transporte con fines de venta de especímenes; la cría en cautividad de especies animales, así como la propagación artificial de especies vegetales, en condiciones de control riguroso con el fin de limitar la recogida de especímenes en la naturaleza; la evaluación del efecto de las medidas adoptadas.

El art. 15 a su vez prohíbe los métodos no selectivos de caza para las especies de la letra a) del Anexo IV; estos métodos se recogen en la letra a) del Anexo VI, que en general ya aparecían citados en la Directiva de Aves.

En resumen, la Directivas de Aves y la de Hábitats, así como el Convenio de Berna, permiten que las prohibiciones citadas (de cazar determinadas especies, de cazar en determinados períodos, y de emplear y comercializar determinados métodos) puedan eludirse si se cumplen los requisitos del régimen de excepciones. El primero de estos requisitos es que «no exista otra solución satisfactoria alternativa al levantamiento de la prohibición» que pueda solucionar el problema que se quiere atajar. El segundo, es que la actividad que se pretenda realizar encuentre encaje en alguno de los supuestos de excepción que expresamente se listan: el único supuesto de excepción aplicable sería el relativo a la «protección de la flora y la fauna», es decir, el de la «protección» de determinadas especies cinegéticas frente a otras, cinegéticas o no. El tercer requisito es que se de cumplimiento a una serie de requisitos formales, como el publicar las especies que son motivo de excepción e informar a la Comisión, como hemos visto.

La otra Directiva importante es la de Hábitats o Directiva 92/43/CE. Esta Directiva amplía los principios de la Directiva de Aves a todos los tipos de especies y crea la mayor red mundial de espacios naturales protegidos, la Red Natura 2000. El art. 12 habla de la protección estricta de las especies de la letra a) del Anexo IV. Esta protección incluye la prohibición de la captura, el sacrificio y la perturbación, así como la destrucción de sus lugares de reproducción o zonas de descanso.

Como se ha podido comprobar, hemos citado solamente casos relativos a la caza. En cuanto a la pesca, la normativa europea protege diversas especies ícticas, como el esturión, el jarabugo o el samaruc, entre otras. Por razones históricas, sociales y científicas, la pesca ha recibido mucha menos atención que la caza, a pesar de que la mayor pérdida de biodiversidad de nuestro país se da en los ríos y humedales.

Más información

Comisión Europea: environment.ec.europa.eu/topics/nature-and-biodiversity_en

7.3. Derecho español de caza y pesca

Dado que la normativa europea prevalece sobre el Derecho de cada Estado miembro, hay que recordar el principio general de protección de las especies animales recogido en la Directiva de Aves y en la de Hábitats. Por tanto, son las normas de desarrollo nacional las que han de recoger la actividad cinegética y la piscatoria, cuyas reglas se someten en caso de conflicto a las de protección de la Naturaleza.

7.3.1. Regulación administrativa de la caza

La norma residual es la Ley 1/1970, de 4 de abril, de Caza y su Reglamento aprobado por Decreto 506/1971. Dada su antigüedad y el contexto en el que se aprobó, un país donde la conciencia ambiental apenas existía, era lícito cazar «alimañas» y el oso, el lince o el urogallo eran especies cinegéticas. En todo caso, recoge algunas limitaciones protectoras, como las tradicionales épocas de veda (art. 23), que deberían adecuarse a las circunstancias ecológicas del ejercicio de la caza y no al revés. Este mismo artículo 23 incluye referencias a la gestión de la caza con cimbel, la de patos en humedales desde puestos fijos, la de palomas en época de contrapasa, la caza de alta montaña y la cetrería. El art. 31 establece las limitaciones y prohibiciones dictadas en beneficio de la caza, como cazar en época de veda, cazar de noche, cazar en los días «de fortuna» como cuando hay nieve o niebla, cazar sirviéndose de caballerías y vehículos para ocultarse (algo muy practicado en su día para cazar la avutarda, por ejemplo), la destrucción de vivares y nidos, etc. Estas prohibiciones se corresponden con las disposiciones sobre infracciones y sanciones. Como veremos, este esquema tradicional lo han seguido muchas de las comunidades autónomas en sus respectivas normas, mediante la publicación de las oportunas leyes y las órdenes anuales de vedas.

En el ejercicio de sus competencias, casi todas las comunidades autónomas han legislado sobre la caza, normativa que sustituye a la Ley de 1970, la cual queda como Derecho supletorio. Las leyes de caza autonómicas suelen ser muy parcas en la protección ecológica de las especies de caza y siguen el esquema al uso: cuestiones de propiedad y titularidad de la actividad cinegética, condiciones para ser cazador, métodos prohibidos e infracciones y sanciones. Hay algunas leyes que, con un planteamiento más moderno, recogen medidas que derivan del acervo comunitario, como la creación de refugios de fauna, la interdicción de métodos «tradicionales» no admisibles desde el punto de vista del bienestar animal y de conservación, la formación de especialistas en control de predadores, la normativa sobre transporte de perros de caza o listados de instrumentos de caza muy amplios. Pero siempre ha de tenerse en cuenta que para aplicar el régimen jurídico de la caza, éste se encuentra supeditado al de la biodiversidad.

A la vez que hay que tener en cuenta la regulación del uso de armas, aves de cetrería y otros métodos de caza, la principal norma sobre la actividad de la caza y la pesca de cariz ambiental vigente de carácter nacional que informa el Derecho de caza es la Ley 42/2007, de 13 de diciembre, de Patrimonio Natural y de Biodiversidad (LPNB). Esta Ley de Patrimonio Natural protege con carácter general toda especie, de las cuales sólo las cinegéticas y piscatorias se podrán capturar (art. 57), creándose un Catálogo Español de Especies Amenazadas.

Sobre la caza y la pesca en particular, los art. 65 y ss. establecen que serán las comunidades autónomas las que aprobarán las especies y lugares donde se podrá practicar la caza y la pesca, respetando siempre un Listado de Especies en Régimen de Protección Especial, bajo el principio de conservación. Incorpora de nuevo el acervo comunitario en la materia, por lo que no incluye grandes novedades, salvo la homologación de métodos de control de depredadores como única muestra de esta Ley del concepto de «bienestar animal», la erradicación de especies exóticas, el grave problema de la contaminación por plomo de munición en humedales protegidos y la promoción de estudios a través de un Inventario Español de Caza y Pesca (art. 67). Hay que recordar la aplicación de otras normas, como en el caso de las perreras, los centros de cría y guarda de animales. En todo caso existen algunas excepciones, como la que dedica el art. 66 a la caza de perdiz con reclamo, pues se practica incomprensiblemente en plena época de reproducción, o la consideración a los vallados cinegéticos, una de las principales afecciones a la biodiversidad, pues hay lugares como las dehesas y monte mediterráneo de grandes extensiones de la mitad sur de la Península donde se alcanza un inaceptable grado de compartimentación del terreno, impidiéndose los movimientos de las especies y la conectividad ecológica. Otra posible excepción es el relativo al control de predadores mediante métodos de capturas que han de ser selectivos.

7.3.2. *Regulación administrativa de la pesca fluvial*

De modo semejante a lo que ocurre con la caza, la regulación administrativa de la pesca cuenta con una Ley nacional que es derecho supletorio respecto de la normativa autonómica, y una extensa regulación de las comunidades autónomas. En cualquier caso, nos remitimos a lo ya dicho sobre la aplicación de las leyes ambientales, que son de aplicación a la pesca fluvial. La Ley de 20 de febrero de

1942 sigue vigente en algunas comunidades autónomas y ya establecía una serie de medidas destinadas a la conservación de la fauna íctica, como la protección de frezaderos, la instalación de rejillas en las derivaciones de aguas y el establecimiento de caudales mínimos, así como la prohibición de determinados instrumentos de pesca, como venenos, trasmallos o barreras. Del mismo modo que en la caza, la pesca ha sido objeto de una importante normativa autonómica. El desarrollo de la normativa de pesca es muy amplio, pues hay que examinar los reglamentos que desarrollan las leyes, la orden anual de vedas y el régimen concreto de cada tramo de río, embalse o humedal donde se pueda practicar la pesca.

Por lo general, las órdenes de veda carecen de unos verdaderos sistemas de control y eficacia ambiental, basándose sin emplear criterio biológico alguno en las peticiones de ciertos sectores de pescadores y federaciones deportivas de pesca que firman convenios de «colaboración» con las comunidades autónomas. En esta misma línea, la existencia de cotos intensivos, basados en la suelta de trucha alóctona, incumplen sin duda los criterios de limitación y erradicación de especies invasoras dictados por la LPNB, lo cual también se predica de la consideración del siluro, el lucioperca, la carpa, el cangrejo señal, el *black-bass*, el salvelino, el lucio o el alburno, entre otras, como especies pescables y sometidas, por tanto, a ciertas medidas de protección que entendemos ilegales al ser especies introducidas y con gravísimo impacto ambiental, Hay que remitirse a la normativa autonómica para concretar los detalles en cuanto a la regulación anual de las órdenes de veda, muy detalladas y prolijas.

7.3.3. *La protección penal de la caza y la pesca*

El vigente Código Penal incluye el tratamiento de algunas cuestiones relativas al bienestar animal en la caza y en la pesca, recogidas en el Capítulo relativo a la fauna, flora y animales domésticos. El art. 334 del Código Penal (CP) castiga al que, contraviniendo la normativa sectorial «cace, pesque, adquiera, posea o destruya especies protegidas de fauna silvestre; trafique con ellas, sus partes o derivados de las mismas; o, realice actividades que impidan o dificulten su reproducción o migración» con la pena de prisión de seis meses a dos años o multa de ocho a veinticuatro meses y, en todo caso, inhabilitación especial para profesión u oficio e inhabilitación especial para el ejercicio del derecho de cazar o pescar por tiempo de dos a cuatro años. La pena se impondrá en su mitad superior si se trata de especies o subespecies catalogadas en peligro de extinción. La jurisprudencia ha hecho de este tipo penal agravado el tipo ordinario, pues por lo general considera delito la caza de las especies catalogadas estrictamente en peligro de extinción. La relación de especies protegidas nos la da, por remisión legal, el conjunto de Directivas y normas nacionales analizadas anteriormente. Se tipifica también la comisión imprudente y la pérdida del permiso para la tenencia y porte de armas.

Respecto de las especies cinegéticas y piscatorias y las no protegidas en catálogo alguno, el CP establece en su art. 335 que el que cace o pesque especies, cuando esté expresamente prohibido por las normas específicas sobre su caza o pesca, será castigado con la pena de multa de ocho a doce meses e inhabilitación especial para el ejercicio del derecho de cazar o pescar por tiempo de dos a cinco años, así como con la pena de pérdida del permiso de armas. Si el acto de furtivismo se practica en terrenos públicos o privados ajenos, sometidos a régimen cinegético especial, sin el debido permiso de su titular, será castigado con la pena de multa de cuatro a ocho meses e inhabilitación especial para el ejercicio del derecho de cazar o pescar por tiempo de uno a tres años. Si las conductas anteriores produjeran graves daños al patrimonio cinegético de un terreno sometido a régimen cinegético especial o a la sostenibilidad de los recursos en zonas de concesión o autorización marisquera o acuícola, se impondrá la pena de prisión de seis meses a dos años e inhabilitación especial para el ejercicio de los derechos de cazar, pescar, y realizar actividades de marisqueo por tiempo de dos a cinco años y privación del derecho para la tenencia y porte de armas por el mismo período. El empleo del veneno y otros medios destructivos se encuentra recogido en el art. 336 CP. Cuando las conductas afecten a algún espacio natural protegido, se impondrán las penas superiores en grado a las respectivamente previstas. Y de modo muy importante, se prevé que los jueces o tribunales ordenen la adopción, a cargo del autor del hecho, de las medidas necesarias encaminadas a restaurar el equilibrio ecológico perturbado, así como de cualquier otra medida cautelar necesaria para la protección de los bienes tutelados. Medidas cautelares y reparación inmediata de los efectos reales como clave del Derecho Ambiental.

El maltrato animal se recoge en los arts. 340 bis del CP. En el caso de la caza, contamos con el ahorcamiento y tiroteo de galgos y otros perros de caza que quedan inútiles por edad o por enfermedad. Como curiosidad, existe normativa sobre el dopaje de los galgos que participan en competiciones, respecto de opiáceos, anfetaminas y neurobloqueantes.

Más información

WWF/ADENA: www.wwf.es
Ríos con Vida: www.riosconvida.es
Veneno No: www.venenono.org
Ecologistas en Acción: www.ecologistasenaccion.org/areas-de-accion/con-servacion-la-naturaleza/conservacion-de-especies/caza/

Bibliografía

Alcubilla Enrique, Arnaldo: *El Derecho cinegético español*, El Consultor de los Ayuntamientos, Madrid, 2019.

Brufao Curiel, Pedro: *El lobo en España. Regímenes territoriales de protección*, Universidad de Sevilla, Sevilla, 2024.

— «Las entidades colaboradoras de la Administración. Problemas jurídicos de su intervención en la gestión pública de la biodiversidad y la pesca fluvial en Asturias», en *Revista Jurídica de Asturias*, n.º 43, 2020.

— «La influencia del régimen jurídico del bienestar y la sanidad animal en la caza y en la pesca comercial y recreativa», en *Revista Catalana de Derecho Ambiental*, vol. 5, n.º 1, 2014.

— «Las Especies exóticas invasoras y el Derecho, con especial referencia a las especies acuáticas, la pesca recreativa y la acuicultura», en *Revista Catalana de Derecho Ambiental*, vol. 3, n.º 1, 2012.

— «Régimen jurídico de la pesca fluvial en Andalucía. ¿Regreso a los derechos señoriales de pesca?», en *Revista Andaluza de Administración Pública*, n.º 85, 2007.

Caballero Lozano, José M.ª: *El arrendamiento de cotos privados de caza*, Reus, Madrid, 2018.

Cuéllar Montes, Tomás: *El Derecho de caza. Análisis y consideraciones desde la óptica del Derecho Civil*, Universidad de Extremadura, Mérida, 2019.

Gálvez Cano, M.ª Remedios: *El Derecho de caza en España*, Comares, Granada, 2006.

Lafuente Benaches, Mercedes: *El ejercicio legal de la caza*, Tirant lo Blanch, Valencia, 2007.

Liñán Lafuente, Alfredo: «El delito de caza furtiva en tiempo de veda. Comentario a la STS 3566/2020, de 3 de noviembre», en *Revista de Derecho Penal y Criminología*, n.° 24, 2020.

Muñoz Machado, Santiago: *Los animales y el Derecho*, Civitas, Madrid, 1999.

Vázquez Cañizares, Julio César: *La caza furtiva como delito patrimonial autónomo. Análisis del artículo 335 del Código Penal y normativas aplicables al mismo*, Andavira, Santiago de Compostela, 2019.

8

Pesca marítima

Las normas ambientales de la pesca marítima se encuentran muy
ligadas al Derecho internacional del Mar y a la potestad de los Estados ribereños sobre las aguas interiores, el mar territorial y la zona
económica exclusiva, así como el poder de éstos y las organizaciones
internacionales de pesca sobre la actividad de los pesqueros en aguas
internacionales. Todos estos aspectos limitan en gran medida el principio tradicional de libre acceso a los mares y son fuente de no pocos
problemas incluso en organizaciones consolidadas como la Unión
Europea.

La normativa ambiental de la pesca marítima actúa sobre los
siguientes asuntos principalmente: la limitación del esfuerzo pesquero
o intensidad con la que se ejerce la actividad pesquera, la reducción
del volumen de capturas, las medidas relativas a las artes de pesca, las
medidas relativas a los recursos marinos como tallas y épocas de veda,
las medidas de corte administrativo como la contingentación de
caladeros y las licencias de pesca. En los últimos años se ha reforzado
la regulación sobre la pesca ilegal no declarada y no reglamentada, a
la vez que cobra fuerza la creación de reservas pesqueras y áreas
marinas protegidas, tanto nacionales como internacionales.

8.1. Derecho internacional de la pesca marítima

El Derecho internacional de la pesca se encuentra íntimamente
ligado al Derecho del Mar, dado que éste determina en definitiva
las cuestiones tradicionales como el acceso a los distintos caladeros
y el tránsito tanto en alta mar como en las aguas sometidas a algún
tipo de jurisdicción o soberanía de los países ribereños, como el
conocido principio de paso inocente en el mar territorial, la extensión de la plataforma continental y los derechos de los Estados
ribereños sobre ella.

La Convención de las Naciones Unidas sobre Derecho del Mar de 1982, que entró en vigor en España el 14 de febrero de 1997, es la principal norma que regula los mares a nivel internacional. Para la solución de controversias y para la interpretación de dicho Convenio se creó el Tribunal Internacional del Derecho del Mar, al que se adhirió España el 30 de diciembre de 2001.

Por lo que respecta a la conservación de la biodiversidad marina, los Estados signatarios se obligan a preservar el medio marino (art. 193 y ss.). En cuanto a la pesca marítima que se desarrolla en alta mar, se establece en el art. 117 de la Convención que: «Todos los Estados tienen el deber de adoptar las medidas que, en relación con sus respectivos nacionales, puedan ser necesarios para la conservación de los recursos vivos de la alta mar, o de cooperar con otros Estados para su adopción», a la vez que se acude al principio y al deber de cooperación entre los Estados para conservación y administración de los recursos vivos en las zonas de la alta mar, creando si es necesario organizaciones regionales o subregionales de pesca. En alta mar, la conservación de su riqueza íctica es una de las prioridades de la Convención, tal y como señala el art. 119, el cual indica que los Estados tomarán, sobre la base de los datos científicos más fidedignos, medidas con miras a mantener o restablecer las poblaciones de las especies capturadas a niveles que puedan producir el máximo rendimiento sostenible con arreglo a los factores ambientales y económicos pertinentes, incluidas las necesidades especiales de los Estados en desarrollo, y teniendo en cuenta las modalidades de la pesca, la interdependencia de las poblaciones y cualesquiera normas mínimas internacionales, sean subregionales, regionales o mundiales, generalmente recomendadas.

En cuanto a la gestión sostenible de la zona económica exclusiva, los arts. 61 y ss. establecen que los Estados velarán para que, teniendo en cuenta los datos científicos más fidedignos de que disponga y mediante medidas adecuadas de conservación y administración, la preservación de los recursos vivos de su zona económica exclusiva no se vea amenazada por un exceso de explotación tanto por lo que respecta a los nacionales del Estado ribereño como a los nacionales de terceros Estados en cuanto al régimen de licencias, vedas, cupos, tallas o requisitos de los buques, entre otras cuestiones. Dada la renuencia de muchos Estados a aplicar medidas efectivas de conservación y control o incluso su participación activa en la pesca pirata bajo pabellones de conveniencia, sobresale el derecho de persecución del art. 111, que necesita como complemento el establecimiento de una «jurisdicción universal» para estos casos.

La Convención también presta atención a la situación de las especies altamente migratorias, como muchas especies de túnidos, cuya conservación ha de regirse por principios observados en las aguas de las distintas fases de su ciclo ecológico, fomentando la creación de organizaciones regionales adecuadas, de especial relevancia es el caso del atún rojo, cuyos planes de pesca oficiales sobrepasan con mucho su capacidad biológica y se estudia limitar su comercio en virtud del CITES. En el mismo sentido se incluyen normas sobre la conservación de las diversas especies anádromas y catádromas, siendo un buen ejemplo el de la ICCAT o Comisión Internacional para la Conservación del Atún Atlántico, la Comisión General de la Pesca para el Mediterráneo, la NAFO (*Northwest Atlantic Fisheries Organisation*), la NASCO (*North Atlantic Salmon Conservation Organisation*) y el Acuerdo de 1995 sobre Peces Transzonales y las poblaciones de Peces Altamente Migratorios, aplicable a las aguas fuera de la jurisdicción nacional, acuerdo que desarrolla los arts. 63 y 64 de la Convención del Derecho del Mar.

Junto a la Convención del Derecho del Mar, la FAO ha desarrollado el llamado «Código de Conducta para la Pesca Responsable», aprobado en 1995 y de carácter voluntario, que se caracteriza por promover la conservación y restauración de los ecosistemas acuáticos bajo el principio de conservación y la mejora de las artes y prácticas de pesca. Trabaja a través de planes de acción internacionales, de los cuales hay aprobados cuatro: aves marinas, tiburones, capacidad de pesca y pesca ilegal, no declarada y no reglamentada.

Asimismo, otros instrumentos normativos de interés son el Protocolo sobre las Zonas Especialmente Protegidas y la Diversidad Biológica en el Mediterráneo, suscrito en Barcelona en 1995 y parte del conocido como Plan de Acción del Mediterráneo y el Convenio de Barcelona. Por lo que respecta a la pesca, destaca la creación de zonas protegidas o ZEPIM (art. 4 del Protocolo) en las que se reglamente o prohíba la pesca y cualquier otra actividad que pueda perjudicar o perturbar a las especies. Bajo esta figura se han protegido un centenar y medio largo de zonas marinas y costeras.

Bajo figuras jurídicas privadas, se promueve la pesca sostenible bajo distintas normas de calidad, como las del *Marine Stewardship Council*, que a nivel mundial promueve la gestión sostenible de las pesquerías y la certificación de productos bajo el ecoetiquetado, de los cuales ya hay ejemplos en España.

Más información

FAO: www.fao.org/fishery/es
Internacional Council for the Exploration of the Sea: www.ices.dk
Comisión General de la Pesca para el Mediterráneo: www.gfcm.org
NAFO: www.nafo.int
NASCO: www.nasco.int
IATTC: www.iccat.int
Marine Stewardship Council: www.msc.org

8.2. Derecho comunitario europeo de la pesca marítima

En un plano estrictamente ambiental, el Libro Verde de la Política Pesquera Común (PPC), publicado en 2009, nos muestra con claridad el exceso de capacidad de la flota comunitaria, causa del declive de los caladeros y del riesgo de colapso de la riqueza biológica de nuestros mares. La causa no es única y a ello se refiere la Directiva 2008/56, de 17 de junio, Marco sobre la Estrategia Marina. A su vez, no hay ninguna vinculación entre la certeza del cumplimiento de la normativa y el acceso a financiación comunitaria por parte del FEP. Teniendo en cuenta esta situación, se aprobó el Reglamento 1380/2013, de 11 de diciembre de 2013, sobre la política pesquera común, el eje normativo del sistema de intervención pesquera en la UE.

En este Reglamento se establece que la política pesquera común abarca la conservación de los recursos biológicos marinos y la gestión de la pesca y de las flotas que explotan dichos recursos, de la misma manera que también se ocupa, en el marco de las medidas comerciales y financieras de apoyo a la aplicación de la PPC: los recursos biológicos de agua dulce y la acuicultura, y la transformación y comercialización de los productos de la pesca y de la acuicultura. La pesca marítima y las cuestiones internacionales van de la mano. Por esta razón, la PPC se aplica en el territorio de los Estados miembros a los que se aplica el Tratado de la UE; o en aguas de la Unión, incluso si las desarrollan buques pesqueros que enarbolen el pabellón de terceros países o estén registrados en ellos; o por buques pesqueros de la Unión fuera de las aguas de la Unión; o por nacionales de Estados miembros, sin perjuicio de la responsabilidad principal del Estado del pabellón. Todo bajo el principio del libro acceso a las aguas y sus recursos para los buques de la UE.

Los objetivos de la PPC son muy ambiciosos y con plazos ya sobrepasados. Gracias a la gestión sostenible de la pesca y aplicando el criterio de precaución a la gestión pesquera, se busca asegurar que la explotación de los recursos biológicos marinos vivos restablezca y mantenga las poblaciones de especies capturadas por encima de los niveles que puedan producir el rendimiento máximo sostenible. A fin de alcanzar el objetivo de restablecimiento y mantenimiento progresivo de las poblaciones de peces por encima de unos niveles de biomasa capaces de producir el rendimiento máximo sostenible de forma progresiva y paulatina, para todas las poblaciones, gracias a la incorporación del enfoque ecosistémico a fin de garantizar que las actividades pesqueras tengan un impacto negativo mínimo en el ecosistema marino, evitando la degradación del medio marino. Se proponen medidas concretas, entre las que destacan desde el punto de vista ambiental la eliminación de los descartes, el aprovechamiento al máximo de las capturas no deseadas y los métodos de pesca no selectivos, siendo paradigmático los casos de la pesca de arrastre y las redes de enmalle pelágicas, para haber alcanzado el buen estado ecológico del medio marino ya en 2020.

Hay que recordar que es muy habitual que pese a los informes científicos oceanográficos que exponen la grave situación de ciertas pesquerías, se tengan en cuentan otros factores más. Las medidas concretas se concretan en planes plurianuales, ya sean sobre una especie o destinados a pesquerías mixtas. Estos planes objetivos han de cuantificar los índices de mortalidad por pesca y/o la biomasa de población reproductora, incorporando plazos para alcanzar los objetivos cuantificables, con un especial hincapié en las capturas no deseadas y en las medidas correctoras. Los Estados podrán aplicar medidas de protección previstas en otras normas, como la Directiva de Aves y la de Hábitats. Unos ejemplos conocidos son los efectos de la pesca en la captura accidental de aves y tortugas marinas. Y la Comisión y los Estados miembros puede aplicar medidas de emergencias concretas ante una amenaza grave, como puedan ser los vertidos contaminantes. De gran importancia es la obligación general, con excepciones, de desembarque de todas las capturas sujetas a tallas mínimas o cupos, con vistas a evitar el derroche de biomasa pesquera, mediante su reducción progresiva.

La intervención administrativa europea, a la que se le han cedido las competencias soberanas de los Estados miembros, se plasma en la previsión de las posibilidades de pesca de cada especie, con las «especies de interés común», o pesquería mediante el asesoramiento científico, con base en la regionalización de las zonas donde practicar la pesca y el ajuste de la capacidad pesquera, a lo que se suman las medidas nacionales que los Estados miembros puedan imponer a los buques pesqueros que enarbolan su pabellón o a las personas establecidas en su territorio, siempre que no sean de menor alcance que las comunitarias y no discriminen a las flotas del resto de Estados miembros, pues el libre el acceso a las aguas es el principio general. Sobre el acceso a las pesquerías se ha publicado el Reglamento 2017/2403, de 12 de diciembre de 2017, sobre la gestión sostenible de las flotas pesqueras exteriores.

Otro de los grandes principios, la libertad de pesca, queda reducida a la mínima expresión, pues la actividad pesquera está prohibida salvo que el buque cuente con la preceptiva licencia de pesca y en su caso autorización específica, el buque lleve instalados mecanismos de teledetección, se registren los desembarques y transbordos y se acepte la visita de inspectores. El régimen de sanciones incluye, junto con la sanción pecuniaria, la incautación del buque y las capturas, el embargo y la inmovilización temporal del buque, la suspensión y la retirada de la licencia. En este sentido, las competencias de la Comisión son de gran calado en la labor de control y evaluación, como muestra los esfuerzos por combatir la pesca ilegal, no declarada y no reglamentada y la actividad para frenar las capturas accesorias y los descartes, regulada por el Reglamento 1005/2008, de 29 de septiembre de 2008, por el que se establece un sistema comunitario para prevenir, desalentar y eliminar la pesca ilegal, no declarada y no reglamentada.

Como detalle, se prevé que, a efectos de vigilar el cumplimiento de la obligación de desembarque, los Estados miembros garantizarán la existencia de una documentación detallada y precisa de todas las salidas al mar y de la capacidad y de los medios adecuados tales como observadores, dispositivos de televisión en circuito cerrado u otros medios. Ya hablamos del establecimiento de excepciones, recogidas por ejemplo en el Reglamento Delegado 2023/2918, de 22 de agosto de 2023, relativo al establecimiento de una exención *de minimis* de la obligación de desembarque para determinadas pesquerías demersales en el mar Adriático y en el mar Mediterráneo sudoriental.

El mar Mediterráneo recibe una respuesta comunitaria especial por parte del Reglamento 2023/2124, de 4 de octubre de 2023, sobre determinadas disposiciones aplicables a la pesca en la zona del Acuerdo CGPM (Comisión General de Pesca del Mediterráneo), que incluye detalladas medidas técnicas de pesca y un nuevo régimen de control del trasbordo, puertos de descarga y comercialización de las capturas, junto con normas relativas a las zonas protegidas de pesca, ya sean nacionales o comunitarias.

Acerca de las especies concretas, la normativa es muy prolija y de actualización constante. Como ejemplo, el interés de la Comisión Europea se ha dirigido al bacalao, el atún rojo, anguila o arenque o a los juveniles de determinadas especies, como los nefastos efectos de la pesca de la angula, que ha merecido la aprobación del Reglamento 1100/2007, de 18 de septiembre de 2007, por el que se establecen medidas para la recuperación de la población de anguila europea.

Gracias a la actividad de la FAO, se han emprendido los trabajos necesarios para regular otras especies muy mal gestionadas, como es el caso de los escualos. También hay normas que regulan las artes, como las conocidas redes de enmalle y el tamaño de la malla y el grosor del torzal del resto de las redes, con vistas a mejorar la pesca selectiva, principalmente bajo el Reglamento 2019/1241 del Parlamento Europeo y del Consejo, de 20 de junio de 2019, sobre la conservación de los recursos pesqueros y la protección de los ecosistemas marinos con medidas técnicas. De modo periódico, se regulan los TAC o máximos totales de captura y se renuevan los Acuerdos de Asociación Pesqueros con terceros países, de gran importancia para la conservación del medio marino a nivel global. Es indispensable la consulta de estas normas para conocer con detalle la regulación aplicable a un caso concreto. Para terminar, se ha creado la Agencia Europea de Control de la Pesca, con sede en Vigo (Pontevedra), destinada a las labores de inspección y técnicas de la Política Pesquera Común.

Más información

Comisión Europea: oceans-and-fisheries.ec.europa.eu/index_en
Agencia Europea de Control de la Pesca: www.efca.europa.eu/es
Europêche: www.europeche.org

8.3. Derecho español de la pesca marítima

La cuestión tradicional en el régimen jurídico de la pesca marítima se ha referido al acceso a la actividad pesquera y al título de intervención de los poderes públicos, que gradualmente han ido limitando la en principio libre actividad pesquera, basándose no tanto en la calificación demanial del mar del art. 132 de la Constitución como en la actividad autorizatoria de la ordenación pesquera y la ambiental. De gran importancia son las cuestiones relativas a los censos generales y específicos de buques, las autorizaciones y permisos especiales de pesca, caracterizados éstos por su transmisibilidad, y los planes de pesca. En este trabajo, nos limitaremos al ejercicio estricto de la pesca, pues en este ámbito confluyen además la ordenación del sector y la comercialización de los productos pesqueros.

La principal norma en España es la Ley 3/2001, de 26 de marzo, de Pesca Marítima del Estado. Asimismo, se cuenta con el RD 182/2015, de 13 de marzo, por el que se aprueba el Reglamento de procedimiento del régimen sancionador en materia de pesca marítima en aguas exteriores; el RD 410/2008, de 28 de marzo, por el que se modifica el RD 176/2003, de 14 de febrero, por el que se regula el ejercicio de las funciones de control e inspección de las actividades de pesca marítima; el RD 1134/2002, de 31 de octubre, sobre aplicación de sanciones en materia de pesca marítima a españoles enrolados en buques con abanderamiento de conveniencia; el RD 560/1995, de 7 de abril, por el que se establecen las tallas mínimas de determinadas especies pesqueras. Asimismo, hay que tener en cuenta en qué zonas ejerce España su soberanía o jurisdicción, delimitadas por la Ley 20/1967, de 8 de abril, sobre extensión de las aguas jurisdiccionales españolas a 12 millas, a efectos de pesca; el RD 2510/1977, sobre trazado de líneas de base rectas; la Ley 10/1977, de 4 de enero, sobre Mar Territorial; la Ley 15/1978, de 20 de febrero, sobre la Zona Económica Exclusiva; el RD 1315/1997, de 1 de agosto, por el que se establece una zona de protección pesquera en el Mediterráneo; y la Orden ARM 817/2009, de 30 de marzo, por la que se establece un plan de gestión para la conservación de los recursos pesqueros en el Mediterráneo a la que se suma la Orden APA/852/2023, de 13 de julio, por la que se establece un plan de gestión para la pesca con artes de cerco en el subcaladero Mediterráneo. La normativa es casi inabarcable, muy detallada y altamente tecnificada.

La Ley 3/2001, de Pesca Marítima del Estado (LPME) se aplica a la extracción de los recursos pesqueros en aguas exteriores, así como la de crustáceos y moluscos con artes de pesca. Se excluyen las actividades de marisqueo y acuicultura y la pesca en aguas interiores, competencia de las comunidades autónomas. Esta Ley se aplica a los buques de bandera española tanto en el mar territorial como la zona económica exclusiva y la zona de protección pesquera del Mediterráneo. Así, la pesca en aguas interiores, las aguas que se encuentran dentro de los límites de las líneas de base, corresponde a las comunidades autónomas. También se aplica a la actividad pesquera de buques de bandera española en agua bajo soberanía de otros países de la UE, de acuerdo con la normativa comunitaria y a la actividad que realicen en agua de otros terceros Estados, en virtud de normas internacionales. En virtud de la normativa comunitaria, esta Ley se aplica a los buques comunitarios en aguas españolas y a los buques de países terceros en aguas de soberanía o jurisdicción españolas de conformidad con la normativa de la UE y el Derecho internacional.

La LPME ha visto derogadas importantes normas ambientales por la Ley 5/2023, de 17 de marzo, de pesca sostenible e investigación pesquera (LPS). Pero sigue vigente lo relativo al acceso a los recursos pesqueros se encuentra sometido a regulación, especialmente por lo que respecta al esfuerzo pesquero, a través del censo y la limitación del número de buques y su adaptación a la situación de las pesquerías (art. 61) o la limitación del tiempo de la actividad pesquera e incluso la paralización temporal o definitiva de buques pesqueros y el cierre de la pesquería debido a exigencias de ajuste estructural (art. 62).

Como norma principal de desarrollo se ha publicado el RD 1044/2022, de 27 de diciembre, de ordenación de la flota pesquera. Es el RD 502/2022, de 27 de junio, por el que se regula el ejercicio de la pesca en los caladeros nacionales, el que detalla materias como las artes mayores y menores, el esfuerzo pesquero, los censos de buques o las pesquerías locales excepcionales. Un ejemplo complejo sistema normativo de la pesca marítima lo muestra la Orden APM/1057/2017, de 30 de octubre, por la que se modifica la Orden AAA/658/2014, de 22 de abril, por la que se regula a su vez la pesca con arte de palangre de superficie para la captura de especies altamente migratorias, como el pez espada, el marrajo dientuso, la tintorera, la melva o el atún rojo.

Es la LPS la que regula las cuestiones ambientales más importantes del sector pesquero, además del acceso a los recursos pesqueros. En cuanto a la limitación de las capturas y descartes, en el marco de las conocidas TAC o cupos máximos permitidos, muy cuestionados por la comunidad científica pues no tienen en cuenta los efectos ecosistémicos, podrán adoptarse las medidas de limitación del volumen de las capturas que resulten necesarias, respecto de determinadas especies o grupos de especies, por caladeros o zonas, períodos de tiempo, modalidades de pesca, por buque o grupos de buques, u otros criterios que se encuentran recogidos en múltiples normas reglamentarias. Sobre las vedas, se prevén medidas sobre zonas o sobre fondos mínimos y su revisión temporal. La creciente importancia de la pesca recreativa en aguas exteriores se encuentra recogida en el art. 44 de esta Ley, pues en las interiores la competencia es autonómica, que recoge la previsión de vedas, limitaciones de artes, distancias mínimas entre barcos y la declaración de desembarque, entre otros requisitos. Otros aspectos de interés son la comercialización de los productos, con la prohibición de la compraventa de productos obtenidos de modo clandestino, y la investigación pesquera y oceanográfica, en la que destaca la labor del Instituto Español de Oceanografía.

Las zonas de protección pesquera son parte de la clave en la protección y regeneración de los caladeros pues se ha demostrado desde hace años su éxito. Estas zonas pueden ser las reservas marinas, las zonas de acondicionamiento marino y las zonas de restauración de hábitats de interés para la pesca. Las reservas marinas son aquéllas que por sus especiales características se destinan a la regeneración de los recursos pesqueros, limitándose e incluso prohibiéndose la actividad pesquera y otras actividades, como el fondeo de buques y el buceo. España cuenta con una red consolidada de reservas marinas desde hace tiempo, especialmente en el Mediterráneo. Por su parte, las zonas de acondicionamiento marino se crean para favorecer la reproducción de los recursos pesqueros, instalándose obras para tal fin, como los arrecifes artificiales, que a la vez que hacen que ciertas especies medren, evitan la actividad destructiva de la pesca, especialmente la arrastrera. Las de restauración de hábitats de interés para la pesca se destinan a favorecer la regeneración de especies de interés comercial mediante la repoblación artificial, limitándose la actividad pesquera. Esta repoblación cuenta con no pocos problemas, como la introgresión genética y la escasa efectividad de la medida en la práctica. Asimismo, se fomenta la creación de arrecifes artificiales destinados a la protección pesquera. Como cláusula general, en las aguas exteriores de los espacios naturales protegidos y de la Red Natura 2000, se aplicarán los criterios de la normativa ambiental estatal de espacios protegidos, dada su prevalencia sobre cualquier otra intervención sectorial. De gran interés resulta el fomento de las llamadas reservas de interés pesquero, especializadas en la recuperación de caladeros y que son diferentes de las reservas marinas generales. Su gestión se basa en la limitación del acceso a los caladeros y a la aplicación de medidas de gestión destinadas a la conservación de las pesquerías. Algunas veces su gestión es compartida, pues abarcan tanto aguas interiores, de competencia autonómica, como exteriores, de competencia estatal.

La LPS se detiene sobremanera en las medidas de gestión de los recursos pesqueros, indicándose la asignación de posibilidades de pesca por buques o grupos de buques; la transmisión entre buques de las posibilidades de pesca asignadas; la gestión conjunta de las posibilidades de pesca asignadas por buques; el cese de la actividad pesquera en caso de agotamiento de cuotas; el cierre de las pesquerías; o, entre otras, la gestión de las posibilidades de pesca no utilizadas.

En cuanto a las infracciones de pesca en aguas exteriores, la LPME subraya la importancia, generalizada en todo el Derecho ambiental, de la adopción de medidas cautelares como la retención o el apresamiento del buque y de las artes de pesca, incluso de modo verbal. Las artes decomisadas serán destruidas y la pesca decomisada podrá distribuirse entre entidades benéficas. Si el buque aprehendido no depositare una fianza, quedará a disposición de las autoridades pesqueras de la Administración General del Estado.

La legislación pesquera de las comunidades autónomas se limita a la pesca en aguas interiores, de acuerdo con el reparto de competencias en nuestro sistema constitucional, normativa muy detallada y que se dirige especialmente a la pesca artesanal.

Más información

Greenpeace: es.greenpeace.org/es/trabajamos-en/oceanos/pesca/
WWF: www.wwf.es/nuestro_trabajo/oceanos/pesca_sostenible/
Fundación Océana: www.oceana.org
Instituto Español de Oceanografía: www.ieo.es
Ministerio de Agricultura: www.mapa.gob.es/es/pesca/temas/default.aspx
Federación Nacional de Cofradías de Pescadores: www.fncp.eu

Bibliografía

Brufao Curiel, Pedro: «Régimen jurídico de las reservas marinas de interés pesquero en España», en *Revista Aranzadi de Derecho Ambiental*, n.º 11. 2007.

Casado Raigón, Rafael y García García-Revillo, Miguel: «Las medidas de gestión para la explotación sostenible de los recursos pesqueros en el Mar Mediterráneo. Comentario del Reglamento 1967/2006, de 21 de diciembre de 2006», en *Revista General de Derecho Europeo*, n.º 16. 2008.

Fernández Prol, Francisca: *Pesca marítima y crecimiento sostenible: análisis en clave jurídica*, Bosch, Barcelona, 2021.

Giménez Casalduero, M.ª: *Régimen jurídico de la pesca marítima de recreo*, Aranzadi La Ley, Madrid, 2024.

González Jiménez, Jesús: *El Mar Mediterráneo. Régimen jurídico internacional. De las zonas de pesca a las zonas de protección*, Atelier, Barcelona, 2007.

Instituto Internacional de Derecho y Medio Ambiente: *La ejecución de la Política Pesquera Común: Aplicación del Reglamento de Control en España*, Madrid, 2017.

Morelle Hungría, Esteban: «La pesca ilegal como actividad delictiva. Una aproximación a la problemática española», en *Actualidad Jurídica Ambiental*, n.º 74, 2017.